十大华人科学家丛书

孟宪明 主编

李政道传

岳 梁 编著

河南文艺出版社
·郑州·

目　录

一

1926 年 11 月 25 日,排行老三的李政道诞生在上海一个名门望族家庭里。书香门第的文化影响,使李政道从小就聪颖过人,好学上进,对数学和物理学特别钟爱。

二

战争阴霾里的春城昆明,给中华学子一片少有的宁静。在西南联大的岁月里,刻苦钻研的李政道得遇名师雕琢,开始了新的人生航程。

三

1946年春,李政道和吴大猷先生一起前往美国,这一去就是几十年。初到美国,面对"山姆大叔",李政道有很多困难和迷惑。但是他不怨天尤人,而是努力向前。经过认真思考,他登上了去芝加哥大学的班车,从而又开始了一次新的生命冲击。

四

在芝加哥大学读书的日子里,得遇早已崇拜的著名物理学家费米的指点,深得治学奥秘,初显物理学方面奇才,并获得博士学位。在这里的刻苦学习为他日后的科学研究打下了牢固而坚实的基础。

五

异国他乡的"茶馆里两兄弟"苦苦研究"θ-τ之谜"。爱因斯坦赞誉说:"让那位姓李的中国小博士也来动动脑筋,他的想法有时比你我都高明。"

向传统挑战,大胆地假设,终于提出"弱相互作用宇称不守恒"定律。

六

谬误与真理只一步之遥,新理论的提出在物理学界反应不一。真金不怕烈火炼,在吴健雄女士的鼎力相助下,李政道和杨振宁提出的理论被证实。

世界被震惊了。

美国物理学家杰里米·伯恩斯坦认为这是"战后整个物理学上最令人惊奇而激动的事","是科学史上的一个转折点"。

七

1957年12月10日下午4时半,斯德哥尔摩市中心的蓝色音乐厅,热闹非凡,一片节日气氛。诺贝尔领奖台上站立着炎黄子孙——李政道和杨振宁。整个中华民族都为之骄傲和自豪。

八

科学研究永无止境，李政道在获得诺贝尔奖之后仍在不懈地努力，并且硕果累累。

美国著名科学撰述家吴贝尔赞誉说："李政道教授具有已故天才科学家爱因斯坦所特有的那种能作'超时代大胆想象'的特殊能力。"

九

身在异国他乡，却心系祖国。1972 年之后，李政道多次回国，为祖国的繁荣富强出谋划策，尤其为祖国的物理理论科学研究和实验立下了功勋。在祖国物理人才培训方面，李政道的言行更使人们交口称赞。

一

1926 年 11 月 25 日，排行老三的李政道诞生在上海一个名门望族家庭里。书香门第的文化影响，使李政道从小就聪颖过人，好学上进，对数学和物理学特别钟爱。

1. 和睦而重视教育的知识分子家庭

上海地处长江下游三角地带，河流纵横，湖泊棋布，一股股溪流汇成一条条大大小小的河流，为这里增添了无限的秀美。但 20 世纪中叶以前的上海，是富人的天堂、穷人的地狱，是各帝国主义国家侵略中国、剥削和压迫中国人民的魔窟。正是在各帝国主义国家加紧对中国侵略、中国内部军阀混战频繁的时候，一个名叫李政道的婴儿降生了。时间是公元 1926 年 11 月 25 日。

李政道祖籍苏州。苏州地处吴越大地，古文化源远流长。苏州山清水秀，园林闻名天下，古语"上有天堂，下有苏杭"，这里的"苏"就指苏州。苏州也是当时中国的丝织中心，"苏绣"很闻名。苏州还以"江南水乡"闻名，苏州的桥不仅多，而且独具特色，著名的苏州寒山寺边的枫桥，更是因唐代诗人张继途经寒山寺，写下了《枫桥夜泊》之诗而闻名遐迩。

李政道的曾祖父李子义是东吴大学（即现在的苏州大学）的前身苏州博习书院创建人之一。

李政道的祖父善良、公正、踏实努力，因而很受左邻右舍的赞誉。他曾任基督教苏州卫理会的会督，在当时国际宗教界很有声望。李政道的父亲李骏康，是南京金陵大学毕业生，毕业后经营化工产品生意。李政道的母亲张明璋，原籍宁波，寄籍上海，是上海启明女子中学毕业生，18岁与李骏康在上海结婚，生育五男一女，李政道排行老三。在旧中国，这是一个典型的知识分子家庭。在传统的中国家庭里，一般重男轻女，生个男孩向来是一件大喜事，李骏康这个家庭也不例外，李政道的降生，使全家人非常高兴。一向矜持稳重的父亲更是乐不可支，他立刻拿出绍兴酒喝了起来。到晚上，他还请左邻右舍到家里吃酒，表示祝贺。

李骏康先生大学毕业后从事化工业，并因经营化工产品而很快发家致富。上海是当时中国的经济中心，商业、金融很发达，商人在追求金钱的风气下，相对忽视教育。但李骏康是知识分子出身，懂得知识和教育的重要性，而且很了解世界大势，认为中国要发展富强,必须首先从教育做起,只有迅速提高整个中华民族的科学文化素质,中国的富强才有希望。因而他对生意的应酬并不十分在意,相反对子女的教育却十分尽心尽力,要求非常严格。他不仅有一套行之有效的教育方法和管理措施,而且还专门高价聘请了家庭教师,为的是使子女们能在数学、英文和国语等方面有坚实的基础。李政道的母亲不仅聪明能干,贤惠善良,支持丈夫对子女的严格管教,并且非常重视言传身教,总是用自己的言行来引导子女。这些潜移默化的家庭教育和悉心培育对李政道日后成才意义很大。据李政道后来回忆说,他的父亲对他们不仅要求严格,而且非常重视道德伦理教育;不仅要求子女要树雄心立大志,而且要求子女一定要爱祖国,有正义感,有同情心。为了使儿女们能有健康的体魄,李骏康还聘请武术教练训练儿女习武强身。

李骏康的子女正是在这样的家庭环境下成长的。他的六个子女都是大学毕业生,这样的家庭在当时是很罕见的。

2. 稳重踏实,好学上进,嗜书成癖

李政道的童年时代,正是帝国主义加紧侵略中国、中国内部军阀混战的时代。当他出生时,主要是北洋军阀之间的混战,后来是国民党内部的混战,1931 年中国又发生了"九一八"事变,

日本人侵占了中国的东三省。可以说,李政道的童年时代,整个社会环境并不稳定安宁。但李政道的家庭环境,却是另一番景象:李骏康不仅在物质上有能力教育子女,而且在思想上特别重视对子女的教育,这就为子女搞好学习创造了内部条件。李政道的童年是在温暖、和睦、友爱的家庭环境中度过的。

家庭,在中国传统文化中扮演着一个极为重要的角色。传统文化重视"修身、齐家、治国、平天下"的教育,而"家"则是治国平天下的基础;家不仅是生活的中心,也是实现理想、施展远大抱负的起点。从历史上看,凡是成名、做出贡献的人物都与良好的家庭教育有关。李骏康非常重视家教,希望在社会不稳定的情况下尽最大努力给子女创造一个舒适的家庭学习环境和氛围。他还借鉴西方的教育方法,去掉传统家长制教育的错误做法,从不训斥子女,对子女提出的问题总是很感兴趣,并且认真回答。

李政道正是在这样的家庭环境中,逐渐养成了踏实稳重的性格和好学上进的精神。他从小就有重实干不讲空话的习惯。他喜欢思考,总是遇事打破砂锅问到底,对于一件事在没有弄清其来龙去脉之前从不罢手。"后来怎样?""为什么?"成了李政道的问话模式。在学习和观察中,李政道的才能在数学和物理方面迅速地表现出来。他从小就钟爱数学和物理。李政道4岁开始学习认字,并养成独立思考的习惯。他做数学题不仅快捷而且准确,常常得到父母和兄长的夸奖和奖赏。当然,当他每完成一道较难的数学习题时,他幼小的心灵也从学习、思考中得到了快乐,增强了自信心。上中学以后,他更是自由地在知识的海洋中遨游。从小学到中学,李政道总是脚踏实地、认真刻苦地学习,成绩一直优秀,得到同学的好评和老师的特别器重。李政道学习认真,从不讳疾忌医,总是拿着自己的作业让老师当面批改并指出错误,当他看到批改作业的老师的笑脸时,自己的心里也乐开了花。童年的李政道还有一个优秀的品质,这就是有疑、有难必问。有人说,学问学问,就是有学有问。这话一点不错,当李政道有疑难问题自己经过努力解决不了时,就恭恭敬敬地请教老师、兄长或学友,直到弄懂为止。他的学习从来不停留在表面上,绝不似懂非懂和不懂装懂。

在日常生活里,李政道没有太多的爱好。他唯一的爱好是读书,甚至读书成癖。每天,从早晨起床直到晚上上床休息,他都一直在读书。只要看见书,他什么事情都会忘到九霄云外。他什么东西可能都会丢,但有一样东西不会丢,这就是书。为了读书,他总是忘了吃饭,忘了刷牙、洗脸,甚至忘了是黑夜还是白昼,因而被全家人送了个绰号"三糊涂"。

3. 江西联合中学的日日夜夜

随着岁月的流逝，李政道从幼年步入童年，又从童年走进少年，继而又迎来了青年时期。随着年龄的增长，知识的增多，分析能力和观察能力的提高，特别是目睹了祖国的落后和帝国主义对中国的侵略，李政道振兴中华的使命感也在逐渐增强。他希望通过学习、发展科学使祖国振兴。他编织着自己科学家的梦想，但社会现实并未给他提供理想的环境。

1931年，日本帝国主义侵占了中国东北三省，并制造了"伪满洲国"。不久又搞华北五省自治，很快又出兵进犯上海。中国人民不畏强暴，掀起了抗日热潮，特别是上海淞沪抗战，大长了中国人的志气。但中国的形势日益严重，1937年7月7日卢沟桥事变终于爆发了，日本帝国主义掀起了全面的侵华战争。卢沟桥事变后，日本侵略军迅速占领了上海，随后又兵逼南京。国民政府西迁重庆，南京10万守军在有限抵抗后奉命撤退。上海、南京相继失守后，整个江苏没有一块能容纳学生安静读书的地方。在烽火连天、尸体遍地的凄凉惨境中，李政道跟随流亡人群告别了生养自己的上海，告别了自己特别喜欢的黄浦江。

上海被日本侵略者占领了，家没有了，李政道开始了颠沛流离的学习生活。尽管处境困难，但李政道的父亲李骏康却认为，无论有多大困难,子女的教育绝对不能耽误。他决心排除一切困难,尽最大努力给子女营造一个比较好的读书环境。李政道离开上海后,被送入东吴大学(苏州大学)附中进行短暂的学习,又被送到浙江嘉兴秀州中学读书。在当时看来,嘉兴还是比较安静的,李骏康夫妇认为这里还是一个比较好的学习地方,这个地方可能在较长时期内不会发生战争,李政道可以静下心来在嘉兴好好学习。李政道太渴望读书了。

嘉兴是个好地方。这里物产丰富,桑麻遍野,是有名的江南鱼米之乡,它又位于京杭大运河沿岸,交通便利。在明朝后期,这里已发展成为工商业繁荣的都市。可是,事不如人愿,他们安静学习的梦想破灭了,不想发生的事很快就发生了。浙赣战争频繁吃紧,战火很快就烧到了嘉兴。在嘉兴待不下去了,李政道被迫离开这个刚刚来到的美丽的地方。这一次,李骏康夫妇经过认真调查了解和仔细思考合计之后,决定把宏道、崇道和政道兄弟三人一起送到较遥远的江西联合中学读书。李骏康夫妇认为,虽然那里生活和学习条件比不上上海,或者说相差很远,也比不上浙江的嘉兴,但江西联合中学毕竟地处后方,没有战争,能够提供一个较安静的学习环境。李骏康夫妇选择遥远的江西联合中学让子女读书的另一个目的,是想让孩子们到艰苦的地方锻炼一下吃苦耐劳的精神和提高独立生活适应环境的能力。事实上,也确实如此。在这里,虽然说生活苦一点,又没有父母照顾和指点，还得自己干一些琐碎事，但毕竟可以安心读书，无炮声之绕耳，这对李政道来说已经很满足了。他们很快进入了角色，自由地在书海里遨游了。

　　无论任何人，不管是能力强的还是差的，每到一个新环境，都有一个适应过程。因而，凡是子女出门远行，父母总是很担心，所谓"儿行千里母担忧"，李政道的父母也不例外，对千里之外的三个孩子非常挂念。因为兄弟三人初到江西时，还与家人经常有书信来往，但后来日本加紧进攻，全国战事吃紧，因而交通断绝，从而使书信往来中断。在较长一段时间得不到兄弟三人的消息，可把在上海的父母给急坏了。特别是母亲，放心不下，寝食难安，决定独自一人千里迢迢步行前往江西看望孩子们。但祸从天降，由于战乱，流兵、匪盗很多，母亲刚到浙东，身上的钱物就被一群强盗抢劫一空。这可难坏了母亲，身无分文，如何才能到达江西呢？但见子心切，她以顽强的毅力和信念长途跋涉，终于孤身一人步行到达了江西联合中学。当孩子们一见到满面尘土、面容憔悴、老了许多的妈妈时，一齐拥到了妈妈的身边，泪水从他们的眼睛里就像断了线的珠子一样往下掉。这就是伟大的母亲，这就是千里迢迢步行到江西联合中学来看望孩子们的母亲，怎能不使孩子们激动呢？年龄最小的李政道一看见妈妈，就一下子扑到妈妈的怀抱里，紧紧地抱住妈妈，好像怕妈妈跑了似的。看到孩子们都长大了、成熟了，妈妈很高

兴,流出了幸福的热泪。李政道赶快用自己的手为妈妈擦泪,并激动地说:

"妈妈,我好想您呀!"

妈妈用手抚摸着李政道的头,对三个孩子的第一句话就是:

"你们在这里学习得怎么样?"

接着又问道:

"成绩如何?你们的爸爸和我可是望子成龙啊!"

母亲没有向孩子们诉说自己一路的辛苦,而是希望能听到孩子们学习的汇报。在传统中国家庭里,把最主要的希望都寄托在孩子身上。特别是中国家庭中的母亲,可以说孩子就是她的一切,孩子就是她的全部生命,孩子就是她的全部希望和快乐。她的人生价值,就是希望并尽最大努力使孩子有出息、能光宗耀祖,为此,哪怕下地狱,她也心甘情愿,不会犹豫。

李政道虽然在三兄弟中年龄最小,但他对妈妈望子成龙的迫切心情感受最深。他很能理解妈妈,并决心努力学习,把自己铸造成才,以实现妈妈的愿望。李政道也正是在妈妈的鼓励下长大成人、不断进取的,并最终取得震惊世界的辉煌成就。

妈妈认为这次艰难的远行非常值得,因为孩子们不仅长大、成熟了,而且取得了令人满意的成绩。特别是老三李政道,成绩一直很优秀,并得到学校老师的青睐。老师普遍认为李政道是可造之才,以他的聪明才华和刻苦学习精神将来必定能干出一番事业来。母亲给孩子们带来了希望和力量，孩子们也给母亲奉还了满意。母亲微笑着走了，孩子们又信心百倍地投入了学习。

春去秋来，时间过得很快，转眼又是两年过去了。在这两年的学习时间里，李政道一直很刻苦，成绩也总是优秀。这不仅令老师和同学们刮目相看，就是两位哥哥也对弟弟另眼相看。这时，发生了一件在江西联合中学从来没有发生过的事，这件事对李政道来说也是一件影响深远的事。这件事就是：李政道充当了两个截然不同的角色，既是学生又是老师。

事情是这样的：在大后方，虽然没有大的战争，小的战事却也连绵不断。为了应付战事和支援前方抗战，不仅物资短缺、办学条件差，师资也很缺乏，为聘请授课教师学校作了大难，因而迫使学校不得不停开一些课程。这种情况在当时各中学是很普遍的。在李政道念高二时，学校教师更为缺乏。这种教学状况严重地影响了学生的学习，这就迫使校方采取了大胆的补救措施。

一天中午，学校的训导处主任派人把李政道从教室请到了训导处办公室。李政道自己不知道是为了什么事，两位哥哥心里也发慌，以为三弟可能惹了什么祸，因此也赶到训导处，在窗外倾听里边的谈话。

李政道进了训导处的办公室，他看见训导主任站在办公桌前边向他微笑。训导主任看见李政道进来了，马上走过去，示意李政道坐下。当李政道坐下后，训导主任就坐到了李政道的对面，曾任李政道数学课的主讲老师也从里间走出来，坐在李政道的左侧。训导主任微笑着对李政道说：

"别紧张，我有件事要和你商量，也可以说，是请你帮帮学校的忙！经了解，曾给你讲过课的老师一致认为你学习很努力、很踏实，成绩也很好。都说你能吃苦肯钻研，办事认真，特别是数学和物理，你的成绩很突出。大家的评价是，对数学和物理两门课，你不仅有兴趣，而且很有天赋。"

说到这里，训导主任略停顿一下，看了看旁边的那位老师，只见那位老师点了点头。随后，训导主任又继续说：

"李政道同学，你知道，咱们学校现在有很多困难，最大的困难是缺乏教师，因而迫使学校一些课程停开。经各位老师推荐和校方再三研究，决定让你为低年级同学讲授数学和物理这两门课。今天请你来，就是要和你商量这件事，不知你是否同意？"

略事停顿后，训导主任又继续说：

"我要向你申明的，就是学校对你是完全信任的，认为你是完全有能力胜任这项工作的，校方的决定也是很慎重的，校方的邀请也是很诚恳的！"

"我来当'小老师'，能行吗？"

李政道听了训导主任的一番话，顿时愣了。这件事对他来说太突然了。他以为肯定是自己听错了，因而傻乎乎地看着训导主任半天没有反应。

这时，坐在一旁的老师讲话了：

"说实话，当老师不容易，当一名好老师更不容易。但我相信你能教好这两门课，你不会让大家失望的。你接受了学校的建议，也是帮助了校方。况且，教课对你的学习也是很有好处的，为了教好课会迫使你去更努力地学习和钻研。"

说完这些话，他信任地望着李政道，希望他能迅速地正面回答。

听了自己敬佩的数学老师的话后，李政道才反应过来，确信自己刚才听到的消息是真实的。

李政道使劲地点点头，答应了校方的邀请，并木讷地说：

"试试看，我会尽力而为的！"

这时，站在窗外静听室内谈话的兄弟俩才放下了心，脸上也由衷地绽开了笑容。

李政道走出学校训导处，看见两位兄长等在门口，禁不住高兴地说：

"大哥、二哥，你们也来了！"

两位哥哥几乎是同时答道：

"是呀，我们不放心才来的！"

兄弟三人说着笑着往住室走去，两位哥哥还伸着大拇指夸赞说：

"三弟，你真行!"

李政道走上了神圣的三尺讲台，开始给低年级的同学讲授数学和物理这两门课。能给低年级学生上课，李政道感到很自豪。他要抽出大量的时间来备课。李政道办事认真，从不马虎，给低年级上课，也总是一丝不苟，不会就认真学习，难解的问题就请教两位哥哥和老师。他给低年级的同学上课，也有自己的一套办法：他常常从自己初学时的体会入手，对一个概念、一道习题，总是反复从不同的角度给以讲解，从而使学生能够理解和掌握，并达到举一反三的效果。当然，当李政道第一次走上讲台时，难免也要紧张，由于他个头并不比学生高，因而很难镇住学生；也由于经验不足，在一些调皮孩子为难他时也显得束手无策。但仅仅一个星期之后，他就掌握了讲课的有效方法，并以自己的学识赢得了学生的好评和信赖。李政道讲课的最大特点是：逻辑严密，层次清晰。

学生和老师这两个角色，是辩证的关系。通过给低年级学生讲课，他不仅弄懂了从前一些不清楚的问题，而且也发现了教材中的一些问题，并提出了解决办法。这样使他的学习成绩更好，因而博得全校师生的好评：

"李政道，真是好样的!"

弟兄三人在江西联合中学读书,虽然苦,但乐趣也很多。他们一块儿学习,谈心得,互相学习和帮助。他们也一块儿去散步,谈理想。但很快,情况就发生了变化。二哥崇道在江西联合中学毕业,考上了广西大学畜牧兽医系;大哥宏道也要回上海读书去了。

兄弟三人突然分开各奔东西,使李政道很伤心,他总有种失去依靠的感觉。好在他喜欢读书,沉浸在书海里,也解除了几分寂寞和孤独。

在江西联合中学学习时,他的另一个乐趣是前往广西柳州去找二哥崇道。一次,他带着给二哥买的东西登上了火车,但一上车他就拿出了书,并很快入了迷。当列车员高叫柳州到了,该下车的旅客请下车时,他才清醒过来,发现他给二哥买的东西已不知去向。

多年的流亡生活,特别是三兄弟分开后独自生活,使李政道更加成熟。李政道更增加了对读书的兴趣和爱好,对数学和物理的钟爱更加执着。在江西联合中学读书时,李政道养成了博览群书的习惯。他对中外历史、古典名著、现当代文学都很感兴趣,甚至连科幻、侦探小说也爱不释手。李政道总是说:

"人和猴子的最大区别是,猴子的每一代只能通过细胞来遗传,它们的个体每一代都得从头学起。而人类则可以用文字记载前人的知识,一代一代地积累起来,汇集成书。读书就是掌握前人的知识,这是非常重要的。"

李政道非常热爱中国的传统文化,经常研究中国传统文化,并提出了自己的独到见解。他在诗词方面花过不少工夫,大胆地尝试写作。他也很喜欢中国的书画和古董,并且有很高的鉴赏能力。当他获得诺贝尔奖、有人问他业余爱好是什么时,他笑着说:

"读读侦探小说,玩弄中国字画、古董,足矣!"

二

战争阴霾里的春城昆明，给中华学子一片少有的宁静。在西南联大的岁月里，刻苦钻研的李政道得遇名师雕琢，开始了新的人生航程。

1. 命运转机，考中浙江大学

1943 年，正当中日战争进入白热化状态、世界反法西斯统一战线形成之时，李政道以优异成绩从江西联合中学毕业，并以优异的成绩考入了浙江大学物理系，从此开始了他动荡不定但非常有意义的大学生活。

浙江大学是当时中国最好的高等学府之一，不仅有不少名人执教，而且也出了很多名人。浙江大学坐落在杭州城内。杭州是一座历史名城，南宋时期就已非常繁荣。这里山清水秀，人杰地灵，特别是杭州园林和西湖闻名中外。李政道能考入杭州的浙江大学，当然非常高兴。但是，抗日战争爆发后，日本军队大举进犯，上海、南京先后失守，日本侵略军继续疯狂地向南推进，杭州处在危急之中。为了应付事变，政府机关在转移，军队在撤退。面对困难的形势，奉政府之命，浙江大学在校长竺可桢带领下，经过千险万阻，克服重重困难，先后从内地迁移到广西的宜山，贵州的遵义、湄潭、永兴和贵阳的花溪。战争在继续，困难在加重，但在竺可桢校长的领导下，学校仍千方百计地创造条件，使学校的教学和学术活动能够继续下去，尽一切努力为中华民族培养未来的建设人才。

正是在祖国山河破碎，浙江大学极度困难的时候，只有17岁的李政道带着简单的行李告别了江西联合中学，来到了贵州湄潭的浙江大学学习。贵州地处中南，山高水险，交通极为不便，土地贫瘠，经济落后，居住在这里的各族人民非常贫困。

"天无三日晴，地无三里平，人无三分钱"，这就是当时贵州的真实反映。由于地方偏僻，条件差，浙江大学不得不分开，一个学院分居一个地方。湄潭是浙江大学理学院所在地。湄潭很偏僻，很难给学校提供像样的住房、校舍。然而，在湄潭的浙江大学理学院却集中了一些知名教授、学者，如王淦昌、束星北等都是具有世界影响的学者。李政道正是在这些人的教导下才走上了学术生涯的。可以说，正是这些勇于探索、献身科研的中华学子才使这个深山区显出了强大的生命力。形势是严峻的，条件是艰苦的，但学校的教师和学生团结友爱，甚至同吃同住，共同克服困难,渡过难关,这给李政道留下了深刻的印象。为培养未来建设人才,年纪大点有经济和有学术专长的教师轮流作综合性学术报告,并要求年轻的教师和学生一块讨论研究问题,以解决教师少、专业课开不成、缺教材的困难。这些学术报告在当时影响很大,吸引学生投入到学习和科学研究中。凡有学术报告,李政道必定参加听讲,听得认真仔细,还要详细地做笔记,以便日后思考和讨论。但要做好笔记是困难的,因为学校既没有课本和实验仪器,也没有教室、课桌和凳子。可以说,一些数学和物理课根本就没有办法讲授。浙江大学正是在这样的困难条件下办学的,学生也正是在这样恶劣的条件下被铸造成材的。李政道后来风趣地说:

"这是上天给我们的磨砺。"

为了搞好教学,王淦昌和束星北等想尽办法。他们从当时的情况出发,因陋就简,方法灵活多变,对不同的学生采用不同的教学手段。为了让学生能记好笔记,对重点和难点,老师都重复地讲述,并用抽签、掷纸球的方法来提高学生学习的兴趣。李政道正是在这里,在王淦昌、束星北等人的启发引导下开始接触到了量子力学、狄拉克方程、光谱精细结构、中微子实验与理论等主要的物理前沿问题。正是在这时,李政道的心中播下了物理研究的种子。

生活是非常艰苦的,但李政道钻研物理奥秘的热情却与日俱增。物理实验没有仪器，仅有的实验室也是设在一个破庙里。为了做电子实验，束星北教授和学生一起携手共同修理一台破旧的发电机。经过无数的日日夜夜，这台破旧的发电机终于发电了，给山村带来了光明。这使教授和学生们都非常高兴，他们不仅学得了实际知识，而且提高了实际动手能力，并增强了自信心。在修理发电机的日日夜夜里，李政道总是和老师在一起，和老师配合得非常好，因而得到老师的称赞。

当时学校的条件很差，教室和宿舍合在一起。而宿舍里既没有电灯，也没有桌椅，也就是说，学生连看书的地方也没有。为了读书，李政道总是和同学们一起到茶馆里去，买一个座位，泡上一杯茶，目的是能在茶馆里看上一天书。贵州在南方，产茶历史悠久，茶馆也很多。当时人们对品茶很有讲究，不仅要求茶叶的品种、质量，而且注重品水、品器、品人。李政道来茶馆，是为了弄到一个座位来读书。当然，这样做，也会有老板的白眼，甚至训斥，但为了学习，同学们顾不得这么多。不过时间长了，和老板混熟了，老板还热情地送上一杯茶而不要钱。起初，李政道不适应这里的嘈杂环境，但时间长了也就习惯了，并且练就了一套闹中取静的专心读书功夫，这对他日后的科学研究帮助甚大。

在湄潭读书的日子里，还有一件事使李政道开心而难忘。在湄潭读书，李政道在感到精神紧张时，总是抽时间和几位要好的同学外出散心。一次他跑到郊外,向一个深山沟走去,突然一曲动听的山歌飘进耳中,从而使他停下来,坐在一棵树下,仔细聆听。贵州是少数民族聚居的地方,少数民族的少年、姑娘非常喜欢和擅长唱山歌,李政道听到歌词是这样的:

> 什么出世耐霜寒,
> 什么离土蹿上天,
> 什么雪里不怕死,
> 什么风雨站山前?
> 青松出世耐霜寒,
> 毛竹离土蹿上天,
> 梅花雪里不怕死,
> 牧童风雨站山前。

这是一首在民间流传的牧童山歌,在贵州姑娘唱来特别动听。对于贵州省的少数民族来讲,唱山歌是他们文化生活的重要组成部分,也是表达情感、交流思想的主要手段。青年人往往以唱山歌的形式,一问一答,交流彼此的爱慕之情。当地还形成了定期进行山歌比赛的传统习惯。

听了山歌,李政道不禁精神振奋。从此后,他总是抽时间来听山歌,或到村寨游玩。有时是一人,有时几个同学一块儿。这种活动也使李政道大开眼界，课外知识增长了不少。他觉得贵州苗族的风俗最有意思，特别是山歌唱得好，神话传说也很使人入迷。一次，他到一个寨子，听苗族人唱山歌。苗族人很热情，邀请李政道到自己家里参观，并给他讲述苗族的风俗习惯和神话传说。李政道了解到不少苗族的风土人情。逢年过节时，苗族人常把李政道请到家里，杀鸡宰鸭，当上宾和亲人款待。几十年后，李政道还忘不了苗族人民的热情好客。

湄潭是李政道发起向科学研究进军的地方，他忘不了湄潭。但是，湄潭的浙江大学理学院条件实在太差，满足不了李政道科学研究的要求，尤其是日本侵略者的炮声日益逼近湄潭，学校的许多人不辞而别，学校形同解体，李政道看到自己已在这里待不下去了，于是产生了离开浙江大学另选学校读书的想法。他把这种想法告知了父母亲，得到了同意。经过认真思考和比较，他最终选中了西南联大。在母亲的多方奔波下，李政道终于如愿以偿转入西南联大，直接受教于吴大猷先生。

2. 柳暗花明，转赴西南联大

1937 年 7 月 7 日，中日战争全面爆发。日本侵略者进攻迅速，北京、天津很快相继沦陷。为应付时局的急剧变化，国民党政府首先制定并颁布了《战区内学校处置办法》《各级学校处理校务临时办法》等,从而布置了战区学校的内迁与学生借读等应急事项,高校内迁运动持续了8年之久。这可分为三个时期:第一时期,从1937年到1939年。这是日军战略进攻阶段。中东部及沿海地区的一些高校,除燕京、辅仁等教会学校保持中立未动外,其余学校都迁往西南、西北,或就近迁入山区。第二时期,自1940年下半年到1943年春。由于英国、美国等与日本关系恶化,终于在1941年12月爆发了太平洋战争。于是原迁往上海租界与云南等地的高校再次内迁。如上海交大、沪江大学等从上海租界迁往重庆;滞留北平的燕京大学迁到成都;原迁到滇南的中山大学迁往粤北坪石,迁到昆明的上海医学院、北平艺专、同济大学等内迁四川。第三时期,自1944年夏到1945年,因日军发动豫湘桂战役与黔南战役,使得原内迁分散在广西、云南、贵州等地的高校如华侨工商学院、唐山土木工程学院、北平铁道管理学院等再次内迁四川。内迁高校最后多集中于四川的重庆与成都以及云南的昆明等地,其中重庆一地就集中了25所高校。其余地方,或因地方狭小,或因交通不便,或因人烟稀少经济太落后,往往只有一两所内迁高校寄居其中。

西南联大就是第一时期内迁时所成立的联合学校。北京大学、清华大学与天津南开大学奉教育部之命,三校首先迁往湖南长沙,稍后又迁往云南昆明组合成西南联大。由北京大学校长蒋梦麟、清华大学校长梅贻琦、南开大学校长张伯苓组成校委会,负责主持全部事务。1938 年 5 月 4 日,西南联大在昆明恢复上课,从此开始了中国高等教育史上一段极不寻常的经历。直到抗日战争胜利后的 1946 年春天,这三所学校才奉命迁回各自本校复课,8 年的不平凡经历由此结束。

中国高等教育史上,西南联大是在特殊历史条件下的特殊产物。由于战争的影响,它和各地几乎失去了联系,但却聚集了当时中国一大批最优秀的学者、教授、专家。这些人当中有闻名遐迩的吴有训、陈省身、华罗庚、吴大猷、周培源、张文裕等著名的科学家,也有朱自清、闻一多、胡适、冯友兰、钱锺书等一代大文豪。各系教授一般都有 10 余人,而物理系竟多达 18 人,外文系的教授则超过 20 人。可以说,西南联大的教师阵容是十分强大的。由于三所大学各有所长,这时就产生互相补充的效果,因而西南联大的教学,特别是物理系的教学就保持了当时很高的水平,大多数课程都由学有专长的教师讲授,课程内容也较为充实。

李政道正是慕西南联大物理系的师资阵容之名而来的。他认为,能在师资阵容这么强大的环境里学习研究,他的数学和物理方面的天赋会得到充分的训练、培养和发掘。如果这一理想能实现,那就会为他日后的科学研究打下牢固的基础。

西南联大的生活条件和教学设备同浙江大学一样是非常差的。学校不得不分散在昆明市附近的一些小地方,如大普集、黄土坡、陈家营等地方。学校的校舍很简陋，就连学校的大门也是由两根石块垒起来的石柱组成，上面钉上一块木板，写着"国立西南联合大学"八个大字。没有教室，没有桌椅，房屋都是临时搭起来的。宿舍里放着20张上下铺的双层床，20人挤在一起生活。饭菜不仅油水少，而且吃不饱。卫生条件就更差，不少人身上生了臭虫。为了躲避日本飞机的轰炸，老师和学生还要时不时地钻到防空洞里。

西南联大的学生生活清苦，联大的教授们生活也不比学生好多少。教授们也是穿着粗布长衫，吃着粗茶淡饭。由于战事紧张，物价飞涨，就连一些名教授也不得不找第二职业，以维持生计。

由于西南联大内迁仓促，不仅大部分仪器设备沦入敌手，就是图书资料运来的也很少。在这样艰苦的条件下，学生只能靠听讲记笔记学习。尽管环境恶劣，但三校的校风却被坚持和发扬光大，学校仍保持着严格的考试和各项检查制度。

李政道从小不仅喜欢读书学习，而且很有责任心，从小就树立了报效祖国的雄心壮志。他虽然在大后方的西南联大学习，但却对在前线为祖国效命的英勇杀敌的将士非常赞赏和仰慕。他总是按西南联大"刚毅坚卓"的校训来鞭策自己，时刻严格要求自己，一定要把学习搞好，以掌握更多的知识为国效力。他总是和几位要好的同学在傍晚时漫步在田间小路上，谈论国家大事和优秀的传统文化,尤其是喜欢吟唱西南联大的校歌。校歌总是给他以力量和激励。联大校歌是一首豪迈刚劲的《满江红》,是由著名学者冯友兰、朱自清、罗常培、罗庸、闻一多五人合作填写的,由张清常谱曲:

> 万里长征,辞却了五朝宫阙。
>
> 暂驻足,衡山湘水,又成离别。
>
> 绝缴移栽桢干质,九州遍洒黎元血。
>
> 尽笳吹,弦诵在山城,情弥切。
>
> 千秋耻,终当雪。
>
> 中兴业,需人杰。
>
> 便一成三户,壮怀难折。
>
> 多难殷忧新国运,动心忍性希前哲。
>
> 待驱除仇寇复神京,还燕碣。

西南联大虽然教学条件很差,但李政道还是大开眼界,了解了许多从未了解过的物理学发展史和物理学前沿问题。19世纪末至20世纪30年代,时间虽然只有40多年,但人们对物质世界的新认识,超过了人类几千年认识的总和。令人激动的新思想不断涌现,新的理论不断创立,新的发现层出不穷,而这些他以前都不很清楚,或理不出头绪来。现在他系统地了解了科学研究的发展脉络:1895 年,伦琴关于 X 射线的发现,揭开了现代物理学的发展序幕;1896 年,贝克勒尔发现铀的天然放射性;1897 年,汤姆逊发现了电子;1900 年,普朗克提出了黑体辐射的经验公式,引进了"能量子"的大胆假设,奠定了现代物理学的基础;1905 年,爱因斯坦创立了狭义相对论,还把普朗克的理论加以推广,提出了"光量子"假设,从而成功地解释了光电现象;1911 年,卢瑟福通过著名的 a 粒子散射实验,建立了原子结构的有核模型;1913 年,玻尔把量子化的思想引入原子结构模型,成功地解释了氢原子光谱;1924 年,德布洛意在光量子理论的启示下,提出了物质波假设,把波粒二象性推广到所有微观客体;紧接着,薛定谔从波动力学角度,海森堡从矩阵力学角度,殊途同归地创立了量子力学。30 年代前后,原子核物理和粒子物理有了迅速的发展。1930 年,泡利提出了中微子假设,以解释 β 衰变的连续能谱;1932 年,查德威克发现了打开原子核大门的钥匙——中子,几乎与此同时,安德逊在宇宙线中找到了正电子;1933 年,费米提出了 β 衰变的定量理论;1934 年,居里夫妇发现了人工放射性。物理理论的创新日新月异。正当这个时候,李政道来到西南联大。

3. 玉不琢不成器，得遇名师指点

中国有句俗话：名师出高徒。正是在吴大猷等名师指点下，西南联大才培养出了像李政道这样的高徒。

在西南联大学习期间，对李政道影响最大，对他的成长发展和科学研究起着重要引导培育作用的人要数吴大猷教授了。多少年后，当李政道60岁生日时，他举起酒杯，对前来向他祝寿的中国留学生激动地说：

是吴大猷先生当初把我带到美国来的，给了我这样的机会。没有这样的机会，我是不会有今天的！

李政道的话语是发自内心的，充满了对吴大猷先生的感激、崇敬和怀念。

还是在贵州湄潭浙江大学理学院学习的时候，李政道就已不止一次地听老师们讲到吴大猷先生的大名，并产生了投师门下的想法。他把这种想法告诉了父母，得到了父母的支持。在母亲多方奔走努力下，李政道终于带着一封推荐信去西南联大找吴大猷先生了。

吴大猷先生1907年出生于广东高要，在老家番禺读完小学。小学毕业后，报考了广府中学，但由于该校教育方法和内容不合吴大猷的意，一年后即随其伯父到天津报考了南开大学。

在南开大学，吴大猷先生深受南开大学校长张伯苓的教育风范和人格影响。吴大猷先生天资聪颖，努力勤奋，好学上进，办事认真，成绩一直很优秀。1929年毕业后留校任教，从事物理学教学和研究。1931年秋，年仅24岁的吴大猷赴美国密歇根大学研究学习物理。1933年获博士学位。1934年学成回国，任北京大学物理系教授。这段时间，他在经典物理和量子物理方面都已有很高的学识水平，尤其擅长原子、分子物理，并将声学中简正波理论发展到实用阶段，在3年里有15篇论文发表在中国、美国和英国的刊物上。从抗战全面爆发至1946年的9年中，他写了一部《多原子之结构及其振动光谱》的专著、17篇研究论文。1939年获中央研究院丁文江奖金。1943年又获教育部第一等科学奖金。除李政道外，有名的杨振宁、黄昆等都曾师从吴大猷学习研究物理学。1941年，吴大猷讲解古典力学结构时，拟了10个论文题目，杨振宁选择的论文题目就是其中之一的《以群论讨论多原分子之振动》。后来杨振宁获得诺贝尔物理学奖时，他在给吴大猷先生的信中说：

"我后来的工作及获得该奖金，均与对称性有关，这些都可以追溯于那年所作的论文。"

如果不是战争的影响，吴大猷先生定会有更突出的贡献。北京大学南迁时，吴大猷先生去了四川大学任教。但在吴先生的老师饶裕泰教授的要求下，吴大猷先生很快到西南联大执教，任物理学教授。

李政道揣着那封推荐信，背着行李前往西南联大找吴大猷先生。吴大猷教授热情地接待了这位远道来投师的小青年。李政道见到吴大猷先生，显得有点紧张，把那封推荐信递给了吴大猷先生。吴先生先让李政道坐下，拆开封皮，拿出信纸仔细地看起来。看完了信，吴先生了解到李政道的学业、兴趣和爱好，并谈了推荐者自己的看法，另一方面信中请他——吴先生帮助做好联系疏通工作，目的是能让李政道顺利地转入西南联大就读。信是看完了，但吴先生却没有马上答复李政道行还是不行，而是站在那里思考着，继而抄着手在慢慢踱步。吴先生的举动，在李政道看来是一个危险的信号，因而非常着急，他是多么担心自己的希望会落空啊！交给吴先生的这封推荐信是梁大鹏写的，而梁大鹏只是吴大猷先生在美国密歇根大学学习时的一般同学，不仅专业不同，而且只是见面点头而已，从未深交，况且两人回国后 10 多年来也从未交往过，即使书信也没来往过。更重要的是，按照西南联大的规定，一个学年中间未经本校考试的外校学生是不能转入西南联大读书的。上述这两种情况，都使吴大猷先生很为难。他只要对李政道说上一句："这事很难办，我无能为力！"就可以把这件棘手的事情推掉。但吴大猷先生是一位很负责任的人，特别是对那些有上进心、能吃苦学习的青年人特别喜欢。他看着急得要哭的李政道，表现出极大的同情，想尽自

己的能力帮助李政道,但也没有十分的把握。经过考虑,他转过身来,关心地对李政道说:

"走这么远的路,一定很累吧? 你是不是还没有吃饭?"

吴先生说完,看着李政道。他见李政道点了点头,就接着说:

"年轻人可不能饿肚子呀。身体是本钱嘛! 现在,咱们最好是去填饱肚子。"

说着,他就带着李政道走出会议室。

走在路上,吴先生对李政道说:

"不要着急,年轻人! 我会帮助你的,咱们一定会有办法的!"

听了吴先生的这番话,李政道紧张的心情松弛下来了。他感到吴先生很亲切。在吴先生身边,就像在亲人身边一样。他没有想到,这位著名教授是这样的平易近人,一点架子也没有,对一位素不相识的年轻人这么热情、关心和理解。

李政道鼓足勇气,向吴先生问道:

"吴先生,我有没有希望?"

听了李政道的问话,吴先生笑了笑。他打心眼里喜欢这位小青年,他拉着李政道出了汗的手,说:

"我刚才没有急于回答你的问题,你是不是失望了?"

吴先生说了这句话,停住脚步,看着李政道的脸。随后,吴先生缓缓地说：

"你转入西南联大学习是有点麻烦，按照学校规定是不行的。但我们一块儿想办法，问题会解决的。"

听了吴先生的话，李政道把手中的行李放在地上，呆呆地站在那里。

吴先生看着李政道失望的样子，是关心，也是为了缓和气氛，就随口问了一句：

"你为什么要转入西南联大呀？"

李政道思考了一会儿，很坚定地答道：

"我特别喜欢数学和物理，听说西南联大物理系力量很强，仅教授就有 18 人之多。我也是慕吴先生之名而来的。再者，在浙江大学，许多教师不辞而别，学校形同解体。我想我会学好的，我对自己非常有信心，至少我不比别人差。"

李政道的话不多，但诚恳、实在。这一席话使吴大猷先生认识到李政道是一位很有培养前途的有用之才。吴先生从李政道这位年轻人身上看到了祖国的希望，看到了中华民族的希望。在当时那种特殊的战争情况下，吴先生认为李政道的这种精神和这股干劲是非常难能可贵的。

面对吴大猷先生的热情和信赖，李政道信心倍增。吃完饭后，吴先生对李政道说：

"咱们先找个地方休息！"

于是李政道被吴先生领到一个宿舍。临出门时，吴先生对李政道说：

"你在这里等着我，我现在就去想办法，我想上天会不负有心人的。你等着我的好消息吧！"

吴大猷先生是西南联大很有影响的一位名教授，而且他是西南联大校务会议的教授代表。吴先生首先找到几位很有影响的老教授通报了李政道的有关情况，在取得赞同后就一起到学校找有关领导。尽管校方开始还犹豫不决，认为西南联大没有这样的先例，尤其是按照校方的明文规定是不行的，但在教授们，特别是吴大猷先生的陈述和要求下，校方终于做出特殊处理的决定。校方同意先让李政道插在吴大猷先生管理的那个班随班听课，等到暑假考试后再正式转入西南联大二年级就读。吴大猷先生非常高兴，用轻快的步子走出了校务办公室。

"年轻人，你猜猜看，我去和校方谈的结果怎么样？"

一进宿舍门，吴先生面带笑容地向李政道半开玩笑地说。

由于李政道心里紧张，特别是担心和校方交涉的结果令他失望，所以显得愁容满面，没有吱声。

吴大猷先生看着这位可爱的年轻人在那里发呆，便大声笑着说：

"李政道呀，不要紧张嘛，我不是说过我会尽最大努力帮助你的吗？你对我没有信心是不是？"

接着又继续说道：

"告诉你吧，年轻人。你的愿望实现了，校方已经同意接收你在西南联大读书了！"

听了吴大猷先生的话，李政道激动得不知说什么好。开始他还以为是自己听错了，或者是吴先生怕自己失望，故意安慰自己的。实际上，这个消息正是他盼望的，但这个消息真的传来了，他还以为是自己的耳朵有问题。

过了好大一阵子，李政道才清醒过来。他不好意思地看着吴先生，抱歉地说：

"吴先生，我太高兴了，所以……"

吴先生看到李政道这么实在，心里真高兴。他看着这位年轻人，更坚定了自己的看法——李政道是可造之才。只要经过严格的训练，李政道一定能成为国家所需要的栋梁之材的。

有人说：一个企业主如果选择错了重要的主管管理下属，他的事业可能毁于一旦；一个聪明的人如果投错了老板，那他也一辈子无出头之日。当然，李政道和吴大猷先生之间的师生关系绝对不能这样比附，但自从李政道遇上吴大猷，李政道的生活和未来确实改变了。李政道遇上了吴大猷先生，李政道的聪明才智、巨大潜能得到了充分的发挥；吴大猷收下李政道这个学生，心里也感到十分自豪。

从此，李政道开始了在西南联大的学习生活。李政道是幸运的,他遇上了在他人生关键时候能给予他无私帮助的人。在这段难忘的岁月里,李政道耳濡目染吴先生的教诲,受益良多。李政道师从吴大猷,通过吴大猷先生结识了很多优秀的学生和老师。吴大猷先生对李政道要求也很严格,常给李政道吃"小灶",经常给李政道布置一些困难的课题实验。李政道在吴先生的引导下,学习比以前更努力,进步也比以前更快了。

为能学到更多东西,李政道不离吴先生左右。师生两人常为了一个新想法、新的解题步骤,在一起切磋争执到半夜。吴大猷先生对李政道的进步感到欣慰,同时也尽量创造条件,使李政道接触更多的人。由于吴大猷先生在物理方面的研究贡献和和善为人,他的周围聚集了很多学者、专家、教授、优秀的学生。吴先生总是把李政道介绍给大家,这就使李政道进步更快,尤其是结识了许多学有专长、对事业有重大贡献的人物。在李政道结识的人物当中,就有一名他后来的合作者——杨振宁博士。

根据吴大猷先生的回忆,常常有 10 多个学生在他家里聚会,这种聚会被学界同仁称为"群英会"。吴大猷先生经常给他们介绍新参加的"会员"。一次聚会时,在吴大猷先生的介绍下,李政道和杨振宁相识了。由于他们都是吴先生的学生,又都和吴先生关系密切,所以从第一次见面后,通过几个月的交往,李政道和杨振宁就建立了较深的友谊。在西南联大,李政道和杨振宁相处的时间虽然不算长,但这短暂的相处却为日后两位当代杰出物理学家的携手合作埋下了伏笔,奠定了基础。

4. 慧眼识英才, 李政道赴美留学

在西南联大学习期间,李政道通过自己的刻苦努力,学习成绩优异,从而博得联大师生的好评。在吴大猷先生的极力推荐下,李政道得到了国家资助的助学金,取得了到美国留学深造的机会,从此他开始了新的生活。

1945 年春,世界反法西斯战争已转入全面反攻。2 月 4 日至 12 日,苏、美、英三国首脑在苏联克里米亚的雅尔塔举行了重要的会议,即"雅尔塔国际反法西斯会议"。7 月 17 日至 8 月 2 日,苏、美、英三国首脑在德国柏林郊外的波茨坦举行了会晤,会议重申在欧战结束后三个月内参加对日作战。为了迅速打败日本帝国主义,8 月 6 日和 9 日,美军在日本的广岛和长崎各投下一颗原子弹。同时,在 8 月 8 日,苏联宣布对日作战。9 日凌晨,苏联三个方面军和太平洋舰队、红旗阿穆尔河舰队,总兵力达 150 万人,在总长 400 公里的战线上,越过中苏边境,同时对日本关东军发动猛烈进攻。苏联还出动了 480 架飞机,分别轰炸了沈阳、长春、哈尔滨、齐齐哈尔、朝阳等日军军事工业中心和交通枢纽。面对不可逆转的形势,8 月 15 日,日本政府被迫宣告接受《波茨坦公告》,曾经不可一世的日本天皇向日本全国广

播了《停战诏书》,宣布日本无条件投降。9月2日,日本投降的签字仪式在停泊于东京湾的美国战列舰"密苏里"号上举行。至此,中国人民艰苦卓绝的8年全面抗战终于胜利了,日本法西斯侵略者终于投降了。8年的全面抗日战争,中国军队和平民伤亡共计2180余万人,财产损失和战争消耗高达1000多亿美元。当然,中国的教育事业也遭到了极大破坏,许多学校被毁,很多知识分子被杀被监禁;日本还实行奴化教育,大肆破坏中国书籍,歪曲中国传统文化;不少知识分子,由于生活无着,工作条件恶劣,不得不停止研究工作而到处流浪。国家百废待兴,教育更需要恢复和发展。十年树木,百年树人,教育的恢复和发展是政府的首要工作,不少有识之士明确提出"教育乃兴国之本"。

1945年抗日战争胜利之时,李政道正在西南联大读大学二年级课程。艰难的抗战终于胜利了,全国人民沉浸在无比的欢乐之中。李政道也不例外。

抗日战争刚刚胜利,当西南联大的广大师生还沉浸在欢乐的海洋中时,校方接到国家教育部紧急通知,国民党的总参谋长陈诚将军要会见吴大猷、华罗庚、曾昭抡三位知名教授,说有重要事情要请三位当面相商,并希望他们三人能够迅速前往重庆。

南京失陷后,国民党政府首都西迁重庆,所以重庆是中国人民8年全面抗战的首都,是全国政治、经济、文化中心。但刚刚摆脱战争摧残的首都重庆山城,到处都显示着战乱的痕迹。三位各有特长的名教授被邀请到重庆山城,就是为了商谈建立国防科研机构的问题,同时,国民党政府还决定利用"庚子赔款"的钱,先派一批有特长的优秀青年赴美国留学深造。而这些分给西南联大的留学生人选也想请这三位教授推荐。

什么是"庚子赔款"呢?事情是这样的:1900年帝国主义国家加紧了对中国的侵略,从而激起中国人民的强烈反抗,最有名的是义和团运动。但义和团运动在德、日等八国联军和清政府联合镇压下失败了。昏庸无能的清政府竟然与侵略者签订了丧权辱国、臭名昭著的《辛丑条约》。根据条约规定,清政府把大约9亿多两白银双手恭敬地奉献给侵略者以"赔偿"侵略者侵略中国的"损失"。1900年是中国纪年法的庚子年,所以这年战争的赔款就称"庚子赔款"。后来由于时势所迫,1908年,美国首先退还一部分赔款,并作为设立清华大学选派留学美国学生之用,从而开了"庚子赔款"退款办学的先例。从此,这笔款项就作为选拔留学生赴美留学的费用。而选派留学生的方法基本上是采用考试与推荐相结合的办法。根据这个惯例,陈诚要求三位教授推荐留学美国的学生。

接到校方通知,三位教授没有时间准备,立刻一起前往山城重庆。三位教授都是国内外知名的人物,但他们的生活仍然十分清苦,他们三人都没有一件像样的礼服,因而也就没有什么可以准备的。吴大猷先生上身穿着一件破旧的西装,脚上穿的是一双类似美国士兵才穿的皮鞋，华罗庚和曾昭抡与吴大猷先生一样，也是衣着朴素简单。三位教授是乘飞机抵达重庆的，他们一走下飞机，就被接送到海陆空军招待所。由于三位教授衣着普通，甚至显得破旧寒酸，又没有什么特殊身份标志，所以门卫和招待所服务员根本看不起他们。不仅如此，服务员还有意刁难三位教授，没有一点热情的服务，甚至连房间也不打扫。没有办法，三位教授只好自己收拾房间，打扫卫生，并且亲自到水房打水，到餐厅拿饭。

第三天上午，正当三位教授打水拿饭往自己所住房间走时，一辆高级轿车开到了招待所门口，总参谋长陈诚亲自来拜访这三位被服务员视为"土包子"的教授了。当门卫和服务员看见后，他们一个个都怔住了，非常吃惊：

"这三个人是什么人呢？"

"教授？教授有多高级别，还要总参谋长亲自来看望？"

"不会吧，他们怎么能是教授呢？"

陈诚把三位教授请到官邸后，首先商谈了建立国防科研机构的具体事宜，随后就请三位教授推荐5名在数学、物理、化学方面优秀的青年学生出国学习深造，其中物理方面有两个名额。吴大猷先生手下有不少得意门生，被人誉为"群英会"。吴先生总是谦虚地对学生说："除了我比你们多知先知一点以外，你们的能力是比我高的。"但现在在重庆，吴先生仔细一算，"群英会"里的成员,有些已经出国,有些已经到别的地方和不同的部门工作。经过一番深思细想,他推荐了正在西南联大任助教的朱光亚和正在读二年级的李政道。华罗庚推荐了孙本旺,曾昭抡推荐了唐敖庆。实践证明,被推荐的 4 人都是人才,都是中华民族不可多得的人才,后来都为中华民族做出了重大贡献。因而,这三位教授都可称为是很有眼力的当代"伯乐"。

吴大猷先生当时推荐李政道留学美国攻读物理学是有很大风险的,因为李政道当时还是一位读二年级的学生,按常规,李政道是没有资格入选的。吴大猷先生回到联大,向学校报告说已推荐了李政道这一情况后,立刻引来了不少教师的反对,校方一时也拿不定主意。吴大猷先生不改初衷,顶住压力,向校方多次陈述理由,他坚信李政道是可造之才。在吴大猷先生的极力坚持下,校方终于同意李政道留学美国攻读物理学。

就这样,李政道还未读完大学就告别祖国,告别了老师和亲人,踏上了留美的旅途,开始了他新的生活。

三

1946 年春,李政道和吴大猷先生一起前往美国,这一去就是几十年。初到美国,面对"山姆大叔",李政道有很多困难和迷惑。但是他不怨天尤人,而是努力向前。经过认真思考,他登上了去芝加哥大学的班车,从而又开始了一次新的生命冲击。

1. 艰难的旅途,远涉重洋

由于吴大猷先生的极力荐举,李政道终于获得了赴美国留学的机会。但是要真正赴美国留学,还有很多工作要做。李政道得到推荐保举后,赶快着手办理出国留学所需要的各种手续。他不知道拜访过几个部门,不知道跑过多少趟,也不知道填过多少表格,但不管怎么说,出国留学所需要办理的各种手续总算办妥了。正当李政道办好出国手续的时候,吴大猷先生也要到美国进行参观考察,同时朱光亚也要担任吴大猷先生前往美国参观考察的助手。于是,师生三人结伴一同前往美国。就这样,李政道开始了远行。

美国是一个魅力十足的国家,地域广大,物产丰富,仅美国本土就可以划分为四个时区。亚利桑那州大峡谷、美国和加拿大边界的尼亚拉加大瀑布等所代表的大自然的雄伟景观,还有美国民族大熔炉所造成的多样性文化,所有这一切,都令青年人向往。旷日持久的第二次世界大战,除了珍珠港、中途岛战役外,战争没有在美国国土上进行,因而美国保持了经济、科技和文化的繁荣。那时美国的民用航空业还不甚发达,李政道一行三人前往美国只能乘轮船渡过茫茫太平洋,先到达旧金山,然后再改乘火车慢慢东行。

李政道恋恋不舍地告别了相送的父母,登上了前往美国的轮船。一上船,他的感觉就不好,特别是开始航行的那几天,他晕船非常厉害,吃不好,睡不好,还不停地呕吐。几天过去之后,李政道的适应性增强了,特别是在吴先生和朱光亚的安慰帮助下,他的心情平静了许多,晕船也好了许多。当时的轮船航行速度较慢,为了解除长途旅行的疲乏和寂寞,也为了帮助李政道和朱光亚了解美国,吴大猷先生讲述了美国的历史。吴先生的讲述使李政道对美国的了解变得系统起来。

美国建国前的历史是一部移民史,是一部开发史。早在1320年,欧洲就开始向北美洲大陆移民。之后,一批接一批的欧洲人大量地拥入这块未开发的地方。从欧洲拥入北美洲的移民,有些是商人,有些是犯人,有些是冒险家,有些是传教士……这些人排除各种险阻,从事开垦,同大自然作顽强的斗争。经过这些人的流血流汗,100多年的辛勤劳动,这块地方终于被开发出来了。在长期的共同劳动和生活中,这些欧洲移民形成了和中国完全不同的风格和文化系统,一个新的民族——美利坚民族形成了。然而,美利坚民族的一切劳动成果却被英国殖民统治者所窃取。英国殖民者的这种行为,激起了开垦者的极大不满,要为自由和独立而斗争。自由这朵鲜花是需要用鲜血来浇灌的。美利坚民族在一代伟人华盛顿的领导下,不畏艰险,不怕失败,克服种种困难,在多次血与火的洗礼之后,终于打败了英国殖民统治者。英国政府不得不于1774年7月4日,承认美利坚合众国独立,美利坚民族终于站起来了。在第一次世界大战期间,美国大发战争横财,经济实力更加增强。在第二次世界大战期间,特别是战争初期,美国大做军火生意。第二次世界大战后期,美国虽然参战,但战争不在自己本土进行,因而其经济实力未遭破坏。美国得以集中巨大的人力、物力和财力,成功地研制了原子弹。为了研究原子弹,在美国集中了不少物理研究和物理实验方面的专家和学者。

吴大猷先生对李政道和朱光亚说:

"我这次到美国参观考察,就是要了解这方面的情况,以便回国后向有关部门提出建议性报告，从而制订合理的发展规划。

"在我考察参观结束后，朱光亚也留学美国。你们两人的任务，就是要了解现代物理研究状况和实验技术水平，不仅要努力研究理论，还要亲自试验。"

和李政道同船的有位回中国探亲后返回美国的老华侨，他看见年轻的李政道，热情地拍拍他的肩膀说：

"小伙子，别发愁！我给你讲个故事，这个故事就是美国的绰号——'山姆大叔'。"

李政道第一次听到"山姆大叔"这个名字，感到很新鲜，因而很想知道"山姆大叔"的由来。

老华侨看到李政道很有兴趣，就仔细地给他讲了这个故事。

美国在和英国进行战争的过程中，得到一个绰号，这个绰号叫"山姆大叔"。自从有了这个绰号，只要有人一说"山姆大叔"，大家都知道这是指美国。

传说在 1812 年，即美国和英国进行战争的时候，美国政府总是在军用品的箱子上盖上 U·S（英语"美国"的缩写字母）的标记，以表明这是美国的财产。那时美国纽约州特罗城有一个专门检查政府军事订货的官员，名字叫山姆·威尔逊（Samuel Wilson），当时人们都称他为"山姆大叔"，由于英语中的"山姆"（Sam）和"大叔"（Uncle）两个字的第一个字母也是 U 和 S，因此当地人都开玩笑地说，这些箱子都是山姆大叔的。后来，这种称呼广为流传,"山姆大叔"便成了美国的绰号,直到1961年,美国国会才通过决议,正式以"山姆大叔"作为美国的象征。

李政道听了老华侨所讲的故事后,精神大振,他恳求老华侨再讲一些有关美国的情况,或者华侨、留学生在美国的一些情况。

老华侨看着这位年轻人,也来了精神,他的话匣子又打开了。

在英国殖民者统治时期,各国的人,尤其是欧洲人大量地拥入这块未开发的地方,对移民基本上没有限制,美国建国初期对移民者的政策也比较宽松,后来对移民者有了严格的限制。中国人移居美国的历史不长,18世纪下半叶,有少数中国人漂洋过海到达太平洋彼岸定居。但在美国加利福尼亚州发现金矿以后,大批华工开始流向美国。当时也正值美国急需大批廉价劳动力的时候,这就为贫穷而又想谋生的中国人找到了一条出路。初到美国的中国人,以其庄重、温和、勤劳的优秀品质博得了当地人民的尊敬和信赖。但不久,中国人就受到了歧视。1882年,美国国会首次通过停止华工入境的排华法案,这一法案直到1943年才被废止。老华侨还向李政道介绍了一些洗劫华埠、枪杀华工的事件。

年轻的李政道听了老华侨的话,望着波涛汹涌的大海,心里难以平静。李政道多么希望中国强盛啊,只有中国富强,国外的华侨才不被歧视。

2. 人生地不熟，初到美国的困惑

李政道怀着忐忑不安的心情走下了轮船，和吴大猷先生、朱光亚分手道别，登上东去的火车。火车越往东行，李政道的心情就越烦乱，到达目的地后情况会怎么样呢？吴先生的话和老华侨的话在他脑海交替地回响。李政道是在第二次世界大战结束后到美国去的，也是在废止了排华法案、美国允许每年一定数量的中国人申请移居美国的情况下到美国去的，但年轻的李政道仍然放心不下。

火车停了下来，李政道终于到达了目的地。他第一次到达了闻名世界的美国首都——华盛顿。

美国是在华盛顿领导下建立的国家，美国人民为了纪念华盛顿的丰功伟绩，就用他的名字作为全国首都的名字，并由华盛顿本人选择在位于波托马克河与安娜柯斯蒂亚河交汇处的东北岸、坐落在马里兰州与弗吉尼亚州之间的一片地区作为新首都的所在地。1791年华盛顿市建成之后，美国的首都就从纽约迁到这里。

华盛顿位于美国东部阿帕拉契亚山地的东边，它距大西洋约160公里，深受强大的墨西哥湾暖流的影响，因而它属于湿润性的海陆交替的气候区,其夏季温度平均在 20℃ 以上,冬季在 0℃ 左右。华盛顿是一座美丽的城市,处处繁花似锦,绿树成荫。街道整齐、干净,沿途看不到尘土飞扬的场面,凡是土壤露出的地方,都有树木或花草覆盖着。

李政道找了个住的地方,就马上开始了落实就读学校的行动。初到美国的李政道,确实遇到了不少困扰。

首先是语言障碍。李政道的英语水平在中国国内还是相当可以的,但一到美国,听不懂美国人讲的话,他讲的英语人家也听不懂。信息难以沟通,意思很难表达,他常常感到手足无措。

更使李政道感到苦恼的是,20 多天过去了,连一个就读的学校都没找到。第一次出门在外的李政道还不到 20 岁,尤其是在中国只读到大学二年级,连本科三年级的门槛还没有迈进,却要到美国攻读博士研究生学位,这在学制严格的美国是非常困难的。尽管李政道横下心来,不怕碰钉子,想多跑几所学校,或许有一所学校肯接受自己就读。但是,10 天过去了,20 天过去了,凡是自己找过的学校没有一所答应接受他就读。李政道所找过的学校还认为,中国政府选派这样一个本科只读了两年的年轻人来美国研究物理学,是中国政府给美国政府难堪,因而李政道所找过的学校几乎是异口同声地拒绝了他的申请要求。

面对美国的"不友好",李政道感到茫然了。

这时,他想起了居里夫人的座右铭:

"我从来不曾有过幸运，将来也永远不指望幸运。我的最高原则是：不论对任何困难都决不屈服！"

常言道：立志是事业的大门，信心是事业的立足点。李政道相信自己的能力，他非常热爱自己所选择的物理学。没有拿到大学毕业文凭，只说明自己少读了两年书，并不能证明自己能力差、水平低。他自信和那些大学毕业生比较，自己并不逊色。

李政道知道，他现在所能拥有的就是自信，还有吴大猷先生留下的一封推荐信。由于工作忙，时间紧迫，吴先生在华盛顿只和李政道见过一次面，他给李政道留下一封推荐信，就到英国参加伦敦皇家学会举办的庆祝物理学家牛顿诞辰 300 周年纪念大会去了。李政道展开推荐信，信中写道：

> 李政道虽然在中国的大学只读了两年的书，但他是一位聪明能干的好青年。他思想有条理，思维敏捷，逻辑严密，勤奋好学，工作认真，他的学业比大学毕业生并不逊色，我相信，他如果能得到适当的科学指导，一定会成为一位优秀的物理学家。

3. 风雨飘摇，小树与蛛网的启示

吴大猷先生到英国去了，这使李政道顿失依靠。当人们处于困难环境的时候,总会想起从前,总会想起家乡,总会想起老师、父母和朋友。在国内,不管他有多么困难,都有依靠,可是现在一个人在遥远而陌生的美国。房间里很冷清寂寞,李政道实在待不下去了,他穿好衣服,想到外边走走,多少排遣一下他的苦闷与孤独。

华盛顿的环境是宜人的,夜景更令人心旷神怡。在大街上,摩天大楼闪烁着耀眼的灯光,大街上人来人往,匆匆忙忙。李政道一个人信步往前走,无意中走进一个咖啡馆。他刚进去坐下,旁边的人就已意识到他是一个中国人,露出不屑一顾的神情。李政道立刻站起来走出门去,回到了他所住的冰冷的屋子里。

第二天上午,他接连跑了两个学校,结果和从前的情况一样,这两所学校都拒绝了他的申请,这更增加了李政道的苦恼和孤独。

这一天,天气不好,风很大,李政道穿上风衣,漫步在大街上。街上仍然是车水马龙,各种汽车络绎不绝。他信步往前走,不知走了多长时间,走了多远的距离。他看见前边有一棵小树在迎风摇曳着。也可能是他走累了,他走过来倚在这棵小树上苦苦思索。他感到自己就像这棵小树,虽然人们来来往往,但从没有人过问,没有人欣赏。看着行人,想着小树,李政道不住地叹息。李政道突然拉住消极的思绪,努力往积极处想:如果这棵小树长成一棵参天大树,那么行人就一定会注目这棵树,赞美这棵大树的雄伟和挺拔,赞美这棵大树对人类的贡献,或许对这棵树,有人著文吟诗、写生、拍照。李政道明白,人们只会注意成功的形象,不会关注或关心走向成功的艰辛过程。李政道明白,他自己也像这棵小树,不可能一下子长成参天大树,不可能不费吹灰之力就获得成功。小树要经过无数的风雨洗礼,才能长成参天大树。李政道想想自己,想想这棵小树,感到这棵小树和自己有某种感情上的默契。此时,李政道认为这棵小树很有灵性,很能理解自己,不由喜欢上了这棵小树。他下意识地用手轻轻地抚摸着这棵小树。李政道转过身来,走远几步,回头再仔细地看看这棵小树。这一看,他又看到了意想不到的事情。他惊奇地发现小树的一个枝杈上有一只蜘蛛正在上边努力地结网。

李政道走近两步,站在那里,仔细地端详着在努力结网的蜘蛛。他看到这只蜘蛛不厌其烦地爬过来又爬过去,在不停地扯着细丝。当蜘蛛就要把自己所织的网结成时,忽然来了一阵大风。大风吹得小树左右摇摆,树上的蛛网被吹破了。李政道看到这里,心都凉透了,刚才一番成才的想法迅速变成灰色消失了。正当他悲观失望想心事的时候,他又惊奇地发现,风一停,这只蜘蛛又开始了它结网的工作。他看到,这只蜘蛛依然从头开始结网,左右、上下忙个不停。蜘蛛不灰心、不怕失败的行为深深地感动了李政道。他想,难道人还不如一只蜘蛛,遇到一点困难就灰心丧气吗? 这时,又来了一阵大风,把蜘蛛刚开始结的网给吹破了。这只蜘蛛会怎么办呢？他仍站在那里一动不动地观察着。大风过后，李政道又惊奇地发现，这只蜘蛛没有服输，从头做起，又开始了它的结网工作。小蜘蛛锲而不舍的精神，使李政道的大脑像大海扬波一样：我是一个人，是一名炎黄子孙，我不仅要有蜘蛛的顽强精神，不怕失败、努力奋斗，而且还应该总结失败的教训，以避免不应该的失误。想到这里，李政道大踏步地走回他的住处。此时，他觉得房间暖和了许多。

4. 决心已定，奔向芝加哥

李政道回到住处，心情好了许多。他先洗洗脸，让自己清醒一下，再把自己的想法理出头绪来。最重要的是，他要弄清楚自己的兴趣和特长，即弄清楚选择物理研究是否对自己合适。

李政道自小喜欢读书，在读书的过程中，他发现自己特别喜欢数学和物理。在物理方面，他读了不少专业书，成绩一直很优秀，显示出了物理理论方面的特长。为此，在江西联合中学读书时，被校方邀请充当"小老师"，教低年级的数学和物理两门课。从江西联合中学毕业后，他以优异成绩考入浙江大学物理系，并受到束星北等名师的亲自指点和鼓励。转学西南联大以后，他得到吴大猷先生的亲切关怀，从而在物理方面的兴趣更加浓厚，那时他已下定决心，要献身物理方面的研究。吴大猷先生对他寄予厚望,并排除众议,推荐他这个只上了两年本科的学生来美国留学,攻读物理学。李政道想到,如果自己半途而废,那就对不起自己,对不起老师。自己的选择也得到父母的大力支持,如果灰心丧气,一事无成,那也对不起父母。李政道从小对母亲望子成龙的心情感受最深,早已下定决心,要干出一番成绩来报答母亲。

李政道坐在桌前,经过仔细考虑,很快理清了头绪,认为自己选择攻读物理这个决心不能改变,自己的兴趣和特长确实在物理方面。经过深入的分析,李政道认为选择一所一般的学校就读,对自己事业的帮助也不大。他决定要选择一所名牌大学,尤其是要选择在物理方面有雄厚实力的学校。李政道觉得,选择一所理想的学校是当务之急,而不是在华盛顿碰运气。

李政道从椅子上站起来,在房间里走来走去,继续思索着。突然,他停住了脚步,在他脑海里出现了杨振宁的形象,而且非常清晰。李政道是在吴大猷先生家里结识杨振宁的,这时杨振宁已在美国留学,在芝加哥大学物理系就读。芝加哥大学物理系实力雄厚,有当时物理学界的泰斗——费米。想到这里,他立刻决定,到芝加哥大学找杨振宁,投师费米。

已经决定,赶忙行动,他立刻去结算店钱。手续办好后,他又麻利地收拾好了行李。他最后向房间扫视一下,扛着行李就向车站奔去。

这时,他一分钟都不想在华盛顿停留,他希望早一点见到杨振宁。

四

在芝加哥大学读书的日子里，得遇著名物理学家费米的指点，深得治学奥秘，初显物理学方面奇才，并获得博士学位。在这里的刻苦学习为他日后的科学研究打下了牢固而坚实的基础。

1. 海外寻兄长，杨振宁的关怀和指点

芝加哥是美国的第二大城市，也是北美五大湖地区最大的工业城市。芝加哥的城市建筑沿着密执安湖向远处延伸，主要建筑正好处在密执安湖畔芝加哥河河口地带，故被人们称为五大湖畔的一颗"明珠"。芝加哥是个比较年轻的城市，1803 年才开始建城。芝加哥经济和城市建设是随着美国东部开发建设而发展起来的。由于芝加哥所处的地理位置，正好是经济发达的东海岸向西部殖民扩张的一个重要联结点，所以 1848 年就在这里修建了由芝加哥到卡林的第一条铁路。到了 20 世纪初期，芝

加哥经济繁荣,人口迅速膨胀到170万人,成了当时美国的特大城市。芝加哥是北美五大湖区最大的湖港,这一带是美国最大的农牧产品基地。五大湖地区又有丰富的煤、铁资源,因而芝加哥是美国主要的工业基地。芝加哥位于五大湖区的芝加哥河河口,这里风景秀丽,气候宜人,在一望无际的湖面上,根本分不清它是湖还是海。

芝加哥是美丽的,但对李政道来说,对他最有吸引力的是芝加哥大学,而不是芝加哥的风景。李政道无心观看车外的景色,尽管车速飞快,他还是认为车像老牛一样在前行,李政道想见杨振宁的心情太迫切了。李政道很快就找到了芝加哥大学。一走进芝加哥大学校门,李政道就非常激动,尽管一切都是那样的陌生,可在他眼里似乎非常熟悉,好像回到了生活多年的母校一样。

经过几番周折,李政道终于在芝加哥大学的国际实验楼找到了自己的兄长杨振宁。两人在异国他乡相逢,都非常激动,互相捶背打肩,拥抱雀跃。李政道激动得眼泪都流出来了,他感到自己回到了家,回到了亲人旁边,感到非常温暖,有了依靠。李政道多少天来的苦闷、困惑、孤独,终于找到了诉说的机会。他迫不及待地向兄长诉说自己离开祖国到美国后的种种遭遇,但由于心情太急迫、太激动,李政道不仅难以表达自己的意思,就连句子也说不成。

此刻的杨振宁，非常了解李政道的心情，笑着对他说：

"政道，不要急，咱们先回到我的住处，洗洗脸，吃了饭后，我再仔细地听你说。"

听了杨振宁的话，李政道有点不好意思地笑着说：

"杨大哥，经你这一说，我真的有点饿了。"

杨振宁帮李政道提着行李回到了自己的住处。二人洗了洗脸，就一同到餐厅去吃饭。在吃饭的时候，李政道的心情已经平静下来。他边吃饭边向杨振宁述说了一个多月来的遭遇和复杂的心情变化。杨振宁认真地听了李政道的叙述，然后也向李政道讲述了自己的经历，特别是讲述了他初到美国的经历和感受。原来，杨振宁初到美国的时候也不是一帆风顺的，他的遭遇和李政道差不多。

杨振宁是 1945 年 11 月到达美国的。到达美国后，他的第一件工作，也是想找到一所学校读书学习，然后再看机会找一所好学校和一位好导师。但杨振宁的愿望不能实现，想在二战刚结束后的美国找到一所学校学习，对中国人来说是非常困难的。在多次碰壁之后，出于无奈，他只好去找自己在国内时就早已倾慕的大名鼎鼎的费米教授，他认为自己或许能见到费米教授。当时他听说费米先生是哥伦比亚大学的教授，就直接到哥伦比亚大学。费米先生不仅在基本粒子物理上有重大贡献，而且是主持制造世界上第一颗原子弹的人，名声非常大。但是，由于战时的特殊需要,费米先生的行踪是保密的,甚至连费米这个名字也是保密的。当杨振宁到哥伦比亚大学去问费米教授什么时间来上课时,哥伦比亚大学物理系秘书竟说他从未听说过有一个叫费米的人。秘书的回答,使杨振宁首先感到的是吃惊,然后是非常失望。

杨振宁讲到此处,笑着对李政道说:

"当时我的心情和你在华盛顿的心情差不多,甚至比你感到更失望。因为人们连费米的名字都不知道,那你能到哪里去找这个人呀?"

停顿一下,杨振宁接着说:

"满怀希望的我,好像当头被浇了一大盆冷水,从头到脚都感到冰凉。当时,我在那里呆呆地站了许久。物理系的秘书叫我:'年轻人,如果没有别的事情,我要下班了。'我才反应过来。"

听了杨振宁的叙述,李政道的心情也很沉重,沉默片刻后,李政道问道:

"那么你又是怎么来到这芝加哥大学的呢?"

对于李政道的问话,杨振宁思考了一会儿后,缓缓地说:

"当时,我非常失望地走出了物理系办公室,心里空荡荡的。我在楼外信步走了很长时间才理出个头绪来。此时,我想起了我从前的一位老师,这位老师正在美国教书。于是我决定去看望他，或许他能给我以帮助。我从前的那位老师叫张文裕，当时他受普林斯顿大学邀请，在这所大学任教。他是福建惠安人，农家出身，为人热心厚道，曾留学英国剑桥大学，受业于大物理学家卢瑟福。张文裕老师很热情地接待了我。我一见到张文裕老师，就把自己的遭遇和心情告诉了他。"

说到这里，杨振宁停顿了片刻，喝了点茶水，接着说：

"出门在外的中国留学生，只要遇到中国人，都会得到最真诚的帮助和支持。张文裕虽然是名教授，但他对我这样初来乍到的青年人却是尽力帮助的。他告诉我，费米先生不久就要到芝加哥大学主持一项研究，并在那里任教。听了张教授的话，我高兴得几乎跳了起来。这个消息对我来说太重要了。"

中国有句古话："踏破铁鞋无觅处，得来全不费工夫。"杨振宁当时的感觉是眼前豁然开朗，一切都充满了希望。

回忆起往事，杨振宁还沉浸在当时的激动欢乐之中。但李政道却沉不住气了，向杨振宁道：

"杨大哥，到芝加哥大学读书是否容易？你知道，我没有本科文凭，大学我只读了两年！"

看到李政道焦急的样子，杨振宁说：

"我当时也是费尽了周折，想尽了办法，一直到去年年底才完全办妥了进入芝加哥大学读书学习的手续。在美国这样的国家，竞争非常重要，一切都要靠你自己去力争，一定要充满自信心。我相信你,而且会尽最大努力帮助你的。"

杨振宁非常热情,尽力安慰和鼓励着小他4岁的李政道:

"我感到,初到美国,最初三个月最难熬,思乡情绪极为浓厚,无法把心思集中在读书上,甚至天天焦急地等待邮差带来家信。但是,三个月过后,就会慢慢好起来。你会很快适应这里的气候和生活的。"

随后,杨振宁又向李政道介绍了芝加哥大学的一些情况。芝加哥大学对学历倒不十分严格,颇具不拘一格的气派。

芝加哥大学位于距芝加哥城11公里的密执安湖畔,创建于1890年,是美国一所著名的私立大学。这所学校外部环境优美,特别是密执安湖给芝加哥大学增添了神韵和秀丽。芝加哥大学内部环境也非常诱人,到处是树木花草。它的建筑也独具特色,在这座美丽的校园里,有一座中世纪城堡式的建筑物非常引人注目,在这座建筑物前面外墙上挂着一块镂花金属牌子,上面写道:"1942年12月2日,人类在此实现了第一次自持链式反应,从而开始了受控的核能释放。"每当外来的学者和新入校的学生走到这块牌子前,就会以崇敬的心情赞叹这位美籍意大利物理学家费米先生,这也是人类的骄傲和自豪,因为从此拉开了人类利用新能源的新纪元。

芝加哥大学是一所男女同校的综合性大学,有许多诺贝尔奖获得者都曾在这里就读和工作过。这所学校对中国很友好,很早就同中国有往来。1919年受胡适先生的邀请，芝加哥大学教授杜威曾到中国讲学，并作调查研究。杜威是一位很有名望的哲学家和教育学家，曾任芝加哥大学哲学系、心理学系和教育学系的系主任，并创办了芝加哥大学实验学校。中国的著名物理学家周培源教授，1926年就曾在这里获得了两个学位。

通过杨振宁的介绍，李政道面见了校方领导。校方领导看了著名物理学家吴大猷教授的推荐信后，对这位没有本科毕业证、只读完大学二年级课程的中国年轻人没有冷眼相看，表现了博大的胸怀和热情。校方对李政道很友善，答应想办法接受这位中国青年进芝加哥大学学习深造。这种友好而热情的表示，对到美国一个多月来非常苦恼的李政道来讲，是极大的安慰。

芝加哥大学具有自己独特的办学方式，它非常重视著名教授所写的推荐信和介绍信。由于李政道持有吴大猷教授的推荐信，所以，他很快就被正式录取到芝加哥大学物理系。

2. 慕名而来，投师费米

李政道矢志不渝地投师费米，与他在西南联大读书时，特别是在与吴大猷先生密切接触时培养起来的爱憎、兴趣和对科学研究风格的欣赏有极大关系。在学习研究中，在听老师对当代科学家的介绍和评价中，他特别欣赏和偏爱爱因斯坦、费米、狄拉克等人的水平和研究风格。这种风格是由科学家本人的爱憎，再加上他的能力、脾气、机遇等众多因素塑造而成的。这种风格一旦形成，又反过来决定了科学家在事业上的成败与贡献。

爱因斯坦、费米、狄拉克等都是 20 世纪的大科学家，世界闻名。他们三人的风格不尽相同，但有其共同之处，那就是善于透过现象看本质，并且都喜欢单刀直入，一针见血。他们还都能把自己所发现的事物的本质用数学的方式深入浅出地表现出来。后来，李政道和爱因斯坦来往也比较多，还曾在爱因斯坦的研究所工作，得到爱因斯坦的赏识。但李政道认为爱因斯坦年事已高，已经退休，因而他极力追随费米先生。

当李政道在芝加哥大学读博士研究生的时候，正是第二次世界大战结束后的第二年，是美国各大学已正式恢复学术研究和大学教育、研究生教育的时候。有了这样的安定环境，被战争耽误了学业的学生们大批大批地回到校园，回到书桌前，回到实验室。芝加哥大学物理系此时的研究生数量很多，其中许多人是慕费米先生之名而来的，李政道也是其中的一名。费米先生不辜负学生们的厚望，他尽职尽责地把自己的知识、经验和方法无私地奉献给了学生和科学事业。由于费米的辛勤努力，芝加哥大学培养出了一大批科学人才。

费米在物理理论与物理实验方面，都是原子核物理的领导者，他 1936 年获得诺贝尔物理学奖。

李政道在芝加哥大学直接接触费米之后，进一步深化了他在西南联大时对费米先生所做的判断。他通过耳濡目染，领略了费米教授善于抓住物理现象看本质的风格。费米教授讲起课来，总是那么明白易懂，推理是那么简洁明快，解决问题总是那样单刀直入、击中要害。这除了他精心准备、反复推敲外，主要在于他的风格是简洁明快的，不是形式化的，也不是烦琐式的。费米教授曾开玩笑说：

"把复杂的形式主义留给那些'主教们'去搞吧！"

李政道欣赏费米先生的学者风采和物理思想及他的教学方法。当然，李政道也以他的才能、东方人特有的勤奋与踏实肯干的作风，得到了费米教授的赏识。费米和李政道之间建立了亲密的师生关系。

费米先生1901年出生在意大利的罗马，从小就受到了良好的教育。罗马当时不仅是意大利的政治、文化中心，也是欧洲的文化中心。基督教教皇宫廷就在罗马。俗话说"条条大路通罗马"，罗马是人们向往的历史文化名城。正是在这样一个世界闻名的城市里，费米度过了他的少年时代。他17岁考入位于比萨的皇家高等师范学院，21岁时就因聪明和学习努力取得了博士学位，此后不久，费米幸运地遇见了一位对他的一生起了非常重大作用的人。这个人就是罗马大学理学院院长柯比诺教授。当时柯比诺教授正雄心勃勃，决心要振兴意大利的物理学。费米和柯比诺相识后,柯比诺教授很欣赏费米。柯比诺教授清楚地意识到他振兴意大利物理学的宏愿现在有可能实现了。当然,柯比诺教授也利用自己手中的权力,尽可能地创造有利条件帮助费米先生,并对费米的发展制订了详细的计划。第一步计划就是让费米到德国和荷兰去进修,然后就让他在罗马大学取得理论物理学教授的职位。名师出高徒。费米在取得理论物理学教授职位后不久,果然不出柯比诺教授所料,很快就使罗马成为当时举世瞩目的原子物理的研究中心之一。在费米先生身边,聚集了一批来自多国的优秀学生。虽然他们当时的研究条件比较差,但一群追求科学的青年人干劲十足而又充满极大的研究热情。在这些青年人的帮助下,费米建立了"β 射线分裂"的理论,发现了铀射线中的"元素人工变换"等一系列物理前沿的成果,从而构成了意大利现代物理学派,并由此吸引了大批的意大利国内外的大学生和研究生。

费米的事业如日中天,也引起了当时正在日益扩大的法西斯党徒的注意。为了利用费米,法西斯主义者也极力吹捧和支持费米。但费米不为所动,他认为法西斯主义者的行径与他献身科学的目的是完全相违背的,费米热爱自己的祖国,衷心地希望意大利繁荣辉煌,但是这种繁荣和辉煌决不能建立在战争尤其是侵略战争的基础上。1936 年,费米获得诺贝尔物理学奖,他一家人为了领取诺贝尔奖,闯过重重关卡,才获得准许去瑞典。费米在领取诺贝尔奖后,采取周密的措施,逃过多少次围追堵截,带领全家终于横渡大西洋,逃到美国。从此以后,费米先生再也没有回过意大利。

费米是世界闻名的物理学家。他到美国后受到热烈欢迎和重视。美国人十分清楚费米先生的巨大才能和对美国的重要意义。美国政府不仅让费米过着非常舒适的生活,为了发挥他的才能,还把曼哈顿计划,即实现原子弹计划交给费米来主持、管理。费米是曼哈顿计划的最高负责人。费米不负美国政府的重托。在他的主持下,美国率先试验成功了原子弹,并把第二颗、第三颗原子弹成功地投放日本的广岛和长崎,从而对第二次世界大战的胜利结束起了很大的促进作用。

李政道投师费米,结识了集中在费米先生周围的一大批人才,这也使得李政道的学业进步更快。

初到芝加哥大学的李政道对美国的教学还不适应。但随着时间的推移,他发现美国教育和中国教育有很大不同,他感到美国的教学内容和教学方法与中国的教学内容和教学方法相比有很多优点和长处。中国的教学方法一般是推演的方法,授课形式也是老师讲、学生听和记笔记,课后做习题。而在美国,学生和教授之间的教与学常常是在互相讨论、辩论之中进行的,有时争论还相当激烈,甚至有恶作剧和出言不逊,但教授从不计较,这种行为从不影响师生之间的友好关系和感情交流。这样的教学方法,李政道认为很适合青年人,它不仅使学生能力很快提高,而且使学生感到很轻松。他认为中国应该学习美国的这种重视提高实际能力的教学方法。

费米做人坦荡、正直、谦虚、热情,竭诚奉献,给李政道以非常深刻的印象。初到美国的李政道由于英语口语不好,面对教授总有点敬畏和心理压力。但费米先生从不居高临下,总是热情、耐心而循循善诱地开导李政道。费米经常对李政道讲,教授也是教师,教授并不意味着就是优秀教师,教授通常是在某一个学术领域里知识比较渊博,有些专长罢了。你们对教授所讲的话不一定要都相信,你们可以提出自己的见解,哪怕是很幼稚的想法也是好的;不要怕问错,错了就改,谁不犯错误呢? 可怕的是连问题都提不出来,这第一步就没法迈出去;能提出问题的学生才算在进行思考的好学生。

费米办事认真而细致,从不应付了事,无论是讲课还是辅导,总是始终如一地认真和负责,并且不厌其烦、深入浅出。费米先生常常以通俗易懂的实例讲解,要求学生一定要明白:科学大厦要一块砖一块砖地垒,一层楼一层楼地往上建筑,基础不好,万事皆休。

费米教授非常喜欢和青年人在一起讨论问题。除了正式和非正式的课程以外,费米教授还将他的午餐时间几乎全部献给了这些研究生。费米教授经常和学生在一起海阔天空地谈话,涉及面之宽,可以说无所不包。有一天,费米先生给学生讲了一个很有趣的故事,李政道听得很认真,生怕丢掉一个字。费米先生讲的是关于爱因斯坦的动人故事:

"爱因斯坦住宅附近有个十来岁的小孩,这个小孩既调皮又聪明,问题总是很多,他经常去向爱因斯坦请教数学问题。爱因斯坦生来就喜欢孩子,不仅给这位小孩讲解数学问题,而且与这位孩子无话不聊。时间长了,孩子的母亲知道了。孩子的母亲很不好意思。她很担心孩子的这种行为影响了这位伟大的科学家的工作,便亲自登门向爱因斯坦真诚地道歉。可是爱因斯坦却真诚地对孩子的母亲说:不要向我道歉,和这位孩子在一起,不仅没有影响我的工作,而且我从他身上学到的东西,要比他从我这里学到的东西还多。我应该感谢你才对!"

费米教授不仅仅是在讲故事,更重要的是在阐述真理。费米认为,爱因斯坦的话并不是或不全是谦虚之词。幼稚、无知的孩子,由于他们没有成见的束缚,没有怕人耻笑的后顾之忧,所以常能从新的角度,提出一些根本性的问题。

听了费米先生所讲的故事及评论,李政道深受感动。他清楚地知道,这是费米先生对年轻人的鼓励和期望。人们可能都知道《皇帝的新装》这则故事,由于大人们都有很多顾虑,因而都说违心话,而小孩却说出了事实的本质:

"皇帝什么也没穿!"

费米教授还经常要求学生对他的学术观点质疑，以便经过讨论修正他的学术观点。李政道从费米先生的一言一行中不仅学到了许多物理思想、知识和科学方法，而且深深体会到费米先生的那种伟大的科学家的宽阔胸怀和高尚品质。

　　费米先生还经常要求学生自己动手去做自己想做的实验，并从中提出问题。费米先生总是告诉学生，能提出一个好问题，实际上相当于完成了一个课题。费米先生的教导，使李政道受益匪浅。李政道逐渐明白了教与学的关系，认为"学问"二字就是要学要问，学就是对传统学说的继承和肯定，问就是对传统学说的质疑和否定。李政道认为，自古以来，学问就是在肯定正确的与否定不正确的过程中发展起来的。李政道很赞赏中国两千多年前伟大诗人屈原所写的《天问》。在《天问》中作者一口气提出了一系列的问题，涉及面很广。而这些问题都成了后来的科学家、哲学家们思考和研究的课题。

3. 初露奇才，博士论文名列第一

　　费米先生名不虚传，教育引导学生有自己独特的一套方法，这一套方法不仅深受学生的欢迎，而且对学生的教育引导行之有效。李政道通过学习和与费米先生长期相处，深刻地了解到：长期以来，费米先生在物理学的各个不同领域——从纯理论物理到纯实验物理,从三体问题的最佳坐标到深奥的广义相对论,都有着广泛的兴趣。作为一名物理大师,费米先生不仅涉猎了各个领域,而且始终做着详尽的笔记,多少年如一日坚持不懈。由于兴趣广泛,深入钻研,持之以恒,根基扎实,所以费米先生触类旁通,创造性思想的火花经常迸发出来。费米首创用慢中子做实验,首次成功领导实验核裂变链式反应,在原子弹爆炸时站起来用碎纸片受冲击波抛撒的距离测量爆炸量。李政道领悟到,物理就像万丈高楼要从平地起一样,要想有所创造和发现,就应该爱好广泛,博大精深;要想善于高度概括和综合,就必须重视基础,尊重事实,从最简单处做起。

时间过得真快。在不知不觉间,一年的学习生活很快就过去了。李政道经过努力,不仅适应了当地的气候和水土,英语口语水平也提高了很多,特别是自信心大大增强。经过一年的生活,他发现,美国和中国,不仅在文化价值观念上差异较大,就是在饮食方面,差异也不小。美国人大都喜欢吃冷食,早餐很简单,一杯橘子汁或咖啡,几片咸肉和鸡蛋薄煎饼。午餐则是油菜、卷心菜、色拉和烘蚕豆,有时吃些夹香肠的小果子面包、浓牛奶和冰淇淋的混合饮料。当然,晚餐一般来讲比较丰盛,有烤牛排、酸奶脂、拌细葱的马铃薯、生蔬菜、沙拉、冰淇淋等。

李政道的几年研究生生活是收获颇丰的。在费米的严格要求下,他打下了很好的基础。费米先生对研究生的要求是:不要急于定下是搞理论还是搞实验,即使做论文分了专业,也不要以论文来定终身;写论文做些什么工作,并不是说一生就只能做这个工作了。1948年,李政道和杨振宁、罗森布鲁斯三人合写的论文出版。这是一篇关于粒子物理方面的文章,论证了一个弱相互作用的区域的存在。这是李政道最初涉及弱相互作用这一研究领域。李政道还随费米先生做了天体物理方面的研究工作,以后又搞了流体力学、统计力学、粒子物理、场论等。李政道这种学习和研究方法深得费米先生的赞同——即研究人员应该充分拓宽自己的视野,涉猎最广泛的区域,只有这样才能左右逢源,触类旁通。

李政道不仅对物理理论学习很努力,而且对物理实验也不放松。他从小喜欢读书,这是一个好习惯。当他读书读累了,就放下书去做实验;实验做累了的时候,又去读书。1948年,李政道经过严格的考试,取得了准备博士论文的资格。在费米教授的指导和关怀下,李政道选写的博士论文题目是《白矮星的含氢量》。1950年,李政道顺利地通过了论文答辩,获得芝加哥大学博士学位,当时他只有24岁。

李政道的博士论文《白矮星的含氢量》得到专家一致的高度评价,初露李政道在物理方面的才能。专家对这篇论文的评价是:

"有特殊见解和成就的高水平的论文。"

李政道的论文被列为当年博士论文第一名,获得奖金 1000 美元。芝加哥大学校长在授予李政道博士学位证书时说:

"这位青年学者的成就,证明人类高度智慧的阶层中,东方人和西方人具有完全相同的创造能力。"

听了校长这番话,李政道十分激动。他深深地意识到,芝加哥大学校长的这番话不仅仅是对李政道本人讲的,而且是针对整个中华民族而言的。手捧博士证书的李政道,除了激动之外,他也想起了华盛顿街头的徘徊、苦恼和失望,想起了街头的小树和蛛网。他也想起了吴大猷先生。他以自己的聪明才智和刻苦努力报答了吴大猷先生的关爱和帮助。此刻他也想起了远在祖国的父母和兄弟,他多么想让亲人和他一起分享此时的快乐啊!激动之后,李政道也清醒地认识到,博士帽戴在头上,只是万里征程的第一步,以后的路更长,任务更艰巨。手捧博士证书,面向未来,李政道充满了自信和力量,不管前面的路有多长,困难有多大,他都能克服。

李政道迈着坚实的步伐走下了领奖台。

4. 灵犀一点,字谜游戏使李、杨走向合作

杨振宁和李政道都住在大学的国际学生宿舍中,他们俩朝夕相处在一起。在这段时间内,他们一起认真地研究物理学,李

政道从杨振宁那里学到了很多物理知识,杨振宁在这个领域里的研究要比他早三四年。在芝加哥大学,研究生大都希望依靠自己或通过相互讨论来学习增长学识,因为仅学习学校的课程是远远不够的。

杨振宁在 1948 年取得博士学位,这时,李政道才取得了进行博士论文写作的资格。

杨振宁拿到博士学位证书后,到普林斯顿高等学术研究所工作,此后成绩非常突出。1966 年任纽约州立大学石溪分校教授;1986 年至今兼任香港中文大学客座教授。他与李政道教授在 1957 年一起获得诺贝尔物理奖之后,1986 年获美国国家科学奖,1993 年获美利坚哲学学会颁发的本杰明·富兰克林奖章,1994 年秋又获费城富兰克林学院颁发的鲍威尔科学成就奖。

李政道和杨振宁在事业上的心心相通,是从字谜比赛开始的。

1947 年年初的一天,芝加哥的一家颇有影响的大报纸登出举办字谜比赛的消息,头等奖可以获得 5 万美元的奖赏,奖金数量相当可观。这项活动对青年人很有吸引力,许多青年茶余饭后都在谈论这件事,一些人简直到了入迷的地步。

李政道和杨振宁从小都喜欢做这类有意思的智力游戏,这次字谜活动也激起了两个人的兴趣。他们无论干什么都非常认真,在业余时间拿来报纸,认真地、逐条逐字地对比赛游戏研究起来。他们很快发现比赛规程上有一处模糊不清,使得字谜可以作两种解释说明。两位中国青年认为,这种模糊不清正是出题人的高明所在。他们俩经过合计后,就交上了自己认为合理的两套答案。两位中国青年人认为,他们这次稳获头奖。但结果出人意料,几天之后,他们收到报社寄来的答复,答复是否定的。这个结果使他们心里感到很不平,好几天心里还静不下来。通过这次游戏,李政道和杨振宁发现彼此志趣非常投合。在抽象思维方面,他们有更多的共同语言,尤其在物理方面都有浓厚的兴趣和坚定的信念。

1948 年,是李政道和杨振宁正式开始事业上合作的一年。在费米先生的指导下,李政道、杨振宁和罗森布鲁斯一起写了一篇关于粒子物理方面的文章。

1950 年,李政道在获得博士学位后,在芝加哥大学天文学系工作半年。之后,他又来到加利福尼亚大学物理系任讲师,搞物理方面的研究工作。一年之后,在费米先生极力推荐下,李政道于 1951 年秋来到普林斯顿高级研究所工作。在这里,李政道又与杨振宁会合了。从此,他们俩的关系日益密切,开始共同进行弱相互作用这一理论物理学中的前沿高难度问题的研究。

五

异国他乡的"茶馆里两兄弟"苦苦研究"$\theta-\tau$ 之谜"。爱因斯坦赞誉说:"让那位姓李的中国小博士也来动动脑筋,他的想法有时比你我都高明。"

向传统挑战,大胆地假设,终于提出"弱相互作用宇称不守恒"定律。

1. 工作第一站,受聘普林斯顿研究所

普林斯顿研究所位于纽约市西南大约 80 公里处。这里云集着世界上第一流的科学家、学者和教授,有理论物理研究方面最知名的人物爱因斯坦,也有被誉为"原子弹之父"的奥本海默教授。这里是物理研究方面有志青年向往的地方。

爱因斯坦是美籍德国人,他创立的狭义相对论和广义相对论,是物理学发展的里程碑。当李政道到普林斯顿研究所去工作时,爱因斯坦已经退休,但他每天仍然到办公室去看看,并和

青年人讨论一些问题。

奥本海默是美国原子弹计划"曼哈顿工程"的设计负责人。第二次世界大战结束后,奥本海默应聘主持普林斯顿高等学术研究所的工作,任所长,使许多青年科学工作者云集到了普林斯顿研究所。

在普林斯顿高等学术研究所,研究空气十分活跃,有极成功的合作,也有激烈的竞争。一群年轻的学者经常讨论、辩论问题。这里实行严格的合同协议,以激励人们之间的合作和竞争。在李政道到来之前,杨振宁已在普林斯顿工作,还有不少华人也在这里效力。

费米先生非常赞成李政道到普林斯顿研究所工作。他对李政道寄予很大的希望。当李政道和费米先生道别时,费米先生明确地告诫李政道说:

"高等学术研究所是一个很好的地方,很有必要去,但是那里不宜久留,一段时间后就应该离开,因为那里的研究太形式化,这很容易与实际的物理问题脱离关系,它是一座'修道院',是培养'传教士'的地方,而你绝对不是'传教士'的材料。"

费米看着李政道,见李政道仍在仔细地倾听,因而又继续说道:"即使你在那里不打算长待,你也必须在研究中,密切地注意物理学界的发展动态和研究方向,并随时纠正自己的学术研究。只有这样,你的研究才会长进,才能早出成果。"

李政道依依不舍地告别费米,来到了普林斯顿研究所,又和杨振宁重逢了。从此,两人携手合作,研究更上一层楼。他们首先合作写了关于统计力学方面的论文。这篇论文得到了爱因斯坦的称赞。这时,爱因斯坦年事已高,李政道和杨振宁不愿打扰他,怕给他添麻烦,但他们还是和爱因斯坦进行过多次交谈。爱因斯坦对中国这两位青年人印象深刻,每次到办公室来看一看,和青年人讨论问题时,他总是笑着说:

"去,叫那位姓李的来,那位中国小博士很聪明,特别爱动脑筋,他的想法有时比你我都高明。"

李政道和杨振宁比起来,性格显得比较内向,但他们两人在一起谈起话来,李政道就显得健谈了。常常天南地北,海阔天空,他们谈论最多的是弱相互作用方面的研究问题。李政道经常说:

"我和杨振宁很投机,一说起话来就忘了吃饭,一讨论起问题来就忘了时间。"

李政道还经常说:

"理论物理使人思维繁重。"

"理论物理需要胡思乱想。"

"理论物理是大胆假设,实验物理是小心求证。"

李政道有自己的一套学习和思维方法,他说:

"世界上的一切自然现象,都是以一组相当简单的自然原理构成基础的,而这些自然原理,只要人们去研究和思考它,是可以被人们认识的。治学的方法应该首先从最基本处入手才对。对最简单的东西需要的是正确的认识和观念,而不是复杂的计算。"

正当李政道和杨振宁制订研究项目和长期计划、准备向弱相互作用的研究课题进攻的时候,情况发生了变化。一天上午,李政道收到哥伦比亚大学寄来的请他任物理学助理教授的邀请书。

面对邀请书,无论是李政道还是杨振宁心里都很矛盾。从感情上讲,李政道不想离开杨振宁,杨振宁也不想让李政道走。但经过理性思考和仔细商量,李政道还是接受了邀请。这是因为,一来他想起了临别时费米先生的忠告;二来是他基于自己对普林斯顿研究所的细致观察,认为这里确实存在着形式主义;第三是他认为到哥伦比亚大学任教可以了解一些新情况,而这些新情况或许对他们二人的研究大有帮助。

2. 科学迷宫,"θ-τ 之谜"

1953 年,李政道离开了普林斯顿高级研究所,离开了杨振宁,应聘到哥伦比亚大学物理系任物理学助理教授。虽然他和杨振宁分开了,可他们的研究仍然在继续进行。他们经常通过电话,一周几次讨论相互感兴趣的弱相互作用问题。当然,他们也经常见面,遇到一些重大问题、疑难问题,或者产生一种新想法,弄到一些新材料,两个人总是激动地往对方的地方跑,有时甚至长谈一夜而不休息。

纽约市分为几个相对独立、享有一定自治权的区,曼哈顿即是其中之一。哥伦比亚大学位于曼哈顿西北部、哈得逊河河边,它是一所有悠久历史的高等学府。

在哥伦比亚大学,除了上课外,李政道几乎把所有的时间都用到读书和研究问题上。李政道的研究领域很广,从统计力学到场论,无不涉猎。其中花费力气最大的就是和杨振宁合作,深入研究了当时令人困惑的"$\theta - \tau$之谜"。这就是后来所谓的 K 介子有两种不同的衰变方式,一种衰变成偶宇称态,一种衰变成奇宇称态。如果弱衰变过程中宇称守恒,那么它们必定是两种宇称状态不同的 K 介子。但是从质量和寿命来看,它们又应该是同一种介子。李政道和杨振宁对此非常感兴趣,通过认真的分析,认为很可能在弱相互作用中宇称不守恒。但想拿出充分的证据来,他们感到很困难。

40 年代末 50 年代初,物理学研究进入到一个新的领域,这就是粒子物理学。从此开始了一个科学家们所说的"第二次世界大战以后物理学最兴奋的年代"。

所谓"基本粒子",就是构成所有物质的基本单元。随着人类科学技术的不断发展,人们对"基本粒子"的认识也是在不断深化的。在古希腊时期,人们认为物质是由原子组成的。当时"原子"的含义是"不可再分",原子就是古希腊人的"基本粒子"的概念。在 1911 年,英籍新西兰科学家卢瑟福做了著名的 α 粒子散射实验之后,科学家们终于发现原来原子是可以分割的,它是由中间大质量的、带正电荷的原子核和外层带负电荷的电子组成的。1932 年,英国科学家查德威克发现了中子,使人们弄清了原来原子核也是可分的,原子核是由质子和中子组成的。

经过人们的深入研究,到 1932 年年底,人们已经知道了基本粒子有五种,它们是:质子、中子、电子、正电子、光子。

第二次世界大战以后,世界各国都掀起了研究物理的热潮。随着实验技术的不断改进,特别是大型加速器建造起来以后,加速器的能量可以增加到依照人的意愿,把粒子加速到能打击各种粒子,以产生各种新的粒子的程度。这样,通过加速器的实验,一大批新的粒子被发现了。到现在为止,人们所知道的"基本粒子"有数百种。但是,实践告诉人们,这个数目绝不是已到了尽头。

50 年代中期,科学家们发现,当物质被高能量的粒子撞击的时候,在碎片中会产生不同于质子、中子、电子的新粒子,科学家们把这种非同寻常的粒子叫做"奇异粒子"。随着人们的不断努力研究,实验也一步步深入,因而越来越多的"奇异粒子"

被人们发现。在这群"奇异粒子"当中,最使科学家们困惑不解的也使科学家们最感兴趣的,就是两个奇异粒子——θ介子与τ介子的奇怪特征。研究基本粒子的物理学家称之为"θ-τ之谜"。

经过大量的、深入的实验,物理学家们发现,θ介子与τ介子具有几乎完全一样的性质,相同的质量、相同的寿命、相同的电荷……以至于人们不得不怀疑它们是否就是同一种粒子。但是,在实验时,科学家们发现它们在"宇称"上的表现却又完全不同:当θ介子衰变时,产生两个π介子,按照当时已有的知识水平推算,它们的宇称为正值;而当τ介子衰变时,产生三个π介子,它们的宇称为负值。这也就是说,θ介子和τ介子在衰变时,表现出完全相反的宇称。

在量子力学和粒子物理中,也可以通俗地把宇称守恒定律称为左右对称定律。那么,什么叫"宇称守恒"或者说"左右对称"呢?

对称原理之一,就是左右对称,这是与人类文明一样古老的观念。自然界是否也具有这样一种对称性呢?过去的哲学家们对这一问题一直争论不休,没有形成共识。当然,在人们的日常生活中,对称性是大量存在的。例如:人们的左手和右手都有五个指头;人们的两只眼睛、两个鼻孔、两只耳朵都是对称的;中国的汉字"日""工""林"等都很注意上下左右的对称。天安门左右两边的灯笼及华表,就显示出一种左右对称的关系。如蜻蜓的两只翅膀也呈现着左右对称的关系。物理定律过去一直显示出左右之间的完全对称性。在李政道和杨振宁指出弱相互作用下宇称不守恒之前,科学家们发现宇称守恒定律与实验结果完全相符合,日常生活中的不对称性被归咎于周围环境或有机生命体初始条件的偶然的不对称性。因此宇称守恒定律被奉为金科玉律。在"θ-τ之谜"出现以后,相当一部分科学家依旧用宇称守恒定律来套用新出现的物理现象。在英国的澳大利亚物理学家达利兹经过研究,得出 θ 介子和 τ 介子为同一粒子是不可能的结论以后,很多科学家都进入了对这一问题的研究。结果在 1955 年到 1956 年的两年时间里,宇称不守恒这个问题变成了一个大家都很注意的问题。

3. "茶馆里的博士"对"θ-τ 之谜"的研究

在"θ-τ之谜"出现之际,李政道和杨振宁也以极大的热情关注着粒子物理中的新现象。这个时候,杨振宁仍然在普林斯顿研究所工作,李政道还在哥伦比亚大学搞研究。由于普林斯顿研究所和哥伦比亚大学相距不远,所以他们两人相约,除了打电话联系外,每周到对方的住处去相聚一次,以便能更仔细地商讨二人感兴趣的问题。相会时,他们讨论最热烈的问题是"θ-τ

之谜"。

兴趣是最好的老师，环境是最好的向导。一个人所做的每一件工作，或对某一问题很感兴趣，基本上都与他过去所学到的知识、所认识的东西有很密切的关系；一个人的所有工作，也都与他过去所接触的问题有极为密切的关系。李政道和杨振宁之所以对"θ-τ之谜"产生如此之大的兴趣，并最终带领人们走出"漆黑的屋子"，这与他们以前所学的知识、所接触的事物以及自己的兴趣和特长有很大关系。

科学来不得半点虚假。科学家在探索自然奥秘的时候也不允许有半点吞吞吐吐、含糊不清。可是，在"θ-τ之谜"面前，不少科学家，包括著名科学家却吞吞吐吐、含糊不清。

面对"θ-τ之谜"，两位年轻的中国博士以自己的聪明才智、勤奋努力、大无畏精神向世纪性物理难题挑战了。

李政道在哥伦比亚大学苦苦地学习和思考，书桌旁、写字台前、树荫下、草坪上、小河边、实验室里，到处都有他的身影和汗水。在李政道的桌子上、床上甚至卫生间到处都摆着书籍和资料。为了弄清一个问题，有多少个夜晚，多少个白天，他忘记了休息，忘记了吃饭。李政道决心要和杨振宁一起合力打开"θ-τ之谜"的大门。

可是这座黑屋子的大门在哪里呢？

如果说中性 K 介子在衰变过程中不遵守宇称守恒这个定

律的话,那么就意味着自己这面镜子有了毛病,因为左边和右边确实不一样,李政道和杨振宁认为这种想法很可怕。多少个科学家正因为不敢相信这种可怕的结果,才宁可相信老的金科玉律的。再者,如果放弃这个观点是否就意味着要拒绝承认全部最基本的物理定律?这是许多人连想都不敢想的事。

李政道也尝试着以别的方法来解释这种奇怪的物理现象。他做了一些研究,1955 年整整一个夏天,他都没有休息,常常到图书馆去查资料,到实验室去做实验。李政道和贾·奥里尔一块,经过研究分析,他们在通常即遵守宇称守恒定律的前提下,也就是在老理论的框架下提出了一个级联机制来解决"θ-τ之谜",试图走出这个迷宫,并且把研究结果认真地整理成文章在1955 年第 100 期的《物理评论》杂志上发表。但后来的实验事实证明这一解决方案是不正确的,也就是说,按照这一解决方案,走不出这座迷宫。

为了走出"θ-τ之谜"这座迷宫,李政道和杨振宁这两位中国博士进行了非常密切的合作。关于这一点,李政道曾说:

关于现代物理基本观念的修正,是我和杨振宁博士在哥伦比亚大学附近一家中国餐馆里用膳前后经常讨论而终于获得结论并公之于世的。

尽管工作都非常忙,但为了尽快走出这座迷宫,李政道和杨振宁商定每周各自往对方住处往返一次。当杨振宁去找李政道的时候,李政道总是把这位"老兄"带到哥伦比亚大学附近一家中国餐馆里边吃饭边讨论问题。

　　哥伦比亚大学的中国餐馆,地方不大但干净卫生,中国菜和饭很适合他们的口味。在吃饭时讨论问题也符合中国人的习惯,他们可以无忧无虑地进行交谈。

　　他们常常是边吃边说,交换想法,提出新设想,有时也争论得很激烈。他们一餐饭往往要吃上三四个小时。为了把问题弄清,他们常常忘记了时间,忘记了地点和场所。他们的这些行为,也引起了一些光顾中国餐馆的美国人的好奇。特别是他们争论问题时的认真劲,使外国人认为他们在闹意见,或者是做生意在讨价还价呢。

　　在美国纽约州西北部罗彻斯德大学举行的罗彻斯德会议,被认为是国际高能物理最主要的会议,每次会议都要邀请几位科学家作重要的专题报告。杨振宁一来美国就经常参加这种会议,还曾在会议上作过重要的学术报告。随杨振宁之后,李政道也参加了这种会议。在一次两人共同参加的会议上,杨振宁在会上就"$\theta - \tau$ 之谜"作了他和李政道共同研究的总结性报告。杨振宁说:

经过这么长一段时间的认真研究,关于"θ-τ之谜"的解释应该有所深入,但我们对于θ和τ这个衰变的实质性了解仍然是这么的少。我们认为,也许对这个问题的最好办法是保持一个开放的想法,墨守成规无助于问题的解决。遵循这种学术开放性思考的研究方式,费因曼先生对于这个论点提出了一个问题:θ和τ会不会是同一种粒子的不同宇称状态呢?它们可能没有固定的宇称性,这也就是说宇称是不守恒的。这也就是说,自然界是不是有一种单一确定右手和左手的方式呢?我们深入仔细地研究了这一问题,但我和李政道仍然没有得出任何确切的结论。也许所有的弱相互作用都来自一个相同的来源,是一种违反时空对称的来源。

这时李政道和杨振宁已开始反向思维了,即从另外一个角度思考物理界这个难题,开始思考是不是原来的宇称守恒定律本身有问题。

否定人们已公认的老定理的困难是非常大的。李政道和杨振宁进行了非常艰苦的讨论研究,时间一天天过去了,仍然没有结果。这使一个人生活在美国的李政道更加苦闷。也正是在这时,李政道和美籍华人秦惠䇹女士相识了。

秦惠䇹是美籍中国人,她和李政道有共同的文化背景、价值观念和生活习惯。在一次邂逅之后,他们频频接触,通过一段时间的了解,互相感到很满意,在征得双方父母同意后,1956年仲夏,李政道和秦惠䇹结婚了。他们的婚礼很简单,在几位亲友祝贺下,举行了简单的结婚仪式。作为老兄,杨振宁衷心地祝贺李政道和秦惠䇹新婚大喜:

"按照中国婚礼习惯,祝贺你们新婚幸福,白头偕老! 我还相信,在贤内助的帮助下,政道的事业会取得更大的成功!"

李政道的婚后生活是幸福的,小家庭生活非常美满。聪明、贤惠的秦惠䇹女士很了解和支持丈夫的工作,李政道对妻子也非常关心和爱护。李政道还常常惦记在远方的亲人。他忘不了1953年父亲在日本病逝前的一番希望和重托。那时,传来消息,父亲在日本病重,他二话没说,就迅速登上了飞往日本的飞机。在病床前,李政道看到父亲已经不行了,他的眼泪就像断了线的珠子不停地往下滚落。他跪在病床前,握住父亲的手泣不成声地说:

"爸爸,我是道儿,我回来了!"

看着匆匆赶来的李政道,老父亲感到很欣慰,儿子为李家争了光。李骏康勉强支撑着对李政道说:

"道儿,你应该有所成就。我相信你,你一定会的!"

听了父亲的话,李政道一时泣不成声,他哽咽着坚定地说:

"父亲,您放心吧,我一定会努力的,我一定会有成就的!"

李骏康望着英俊的儿子,忍受着痛苦的折磨,坚持着断断续续地说:

"不要哭,不要伤心,每个人最后都要走这条路的。我高兴地看到,你长大了、成熟了,这样,我就放心了。我还有一件事必须告诉你,这件事就是——不要忘记祖国,要为国争光。我真诚地希望,你能为祖国的强盛贡献力量。我相信你一定会的!"

父亲去世了。父亲的嘱托,李政道一日也没有忘记,他把父亲的希望和嘱托作为自己搞好科学研究的巨大动力。

李政道在"$\theta-\tau$之谜"的研究中,也时常想起恩师费米先生。那是1954年秋天的一个中午,他接到杨振宁打来的电话。杨振宁告诉李政道说,他刚听说费米老师有病住进了医院,而且这一次病情很严重。

李政道立即赶到了芝加哥医院,站在费米先生的病床前,他感到又敬佩又心痛。费米先生显得很清瘦,病魔正在摧残着老师那老年的躯体。老师正在和病魔作斗争,他手里仍然拿着物理书籍在研究,床边放着打开了的笔记本。

费米先生看到李政道来了,打起精神,很镇静地对李政道说:

"医生告诉我,几天之后我就可以出院回家了!"

稍微停顿后,费米先生又说道:

"当然,医生也告诉我,并且是很清楚地告诉我,我只能再活几个月了!"

费米先生拿起床边的笔记本让李政道看,说那是他关于核物理方面的笔记,他正在修改,计划出院后利用能活的几个月时间整理出版。

费米先生问李政道:

"我知道你和杨振宁对'$\theta-\tau$之谜'很感兴趣,这确实是一个重大的理论问题。你们现在研究得怎么样了?"

听了老师的问话,李政道很高兴,他知道费米老师现在仍很关心他和杨振宁的研究工作,于是很认真地说:

"老师,我和杨振宁对这一问题很感兴趣,也在努力研究,也有几次理论方面的尝试,但都没有结论。"

费米先生最后说:

"我了解你们,我信任你们,只要刻苦努力不放松,特别是要冲破形式主义,不要受前人束缚,大胆地按照自己的想法去做,你们一定会做出成绩来的!"

三个月后,费米先生逝世了。老师走了;但老师的话常常在李政道耳边回响,老师的厚望是李政道排除困难的力量。

在较长一段时间,李政道和杨振宁的研究没有进展。随着时间的流逝,李政道和杨振宁发现,人们过去认识对称性的基础在于不可观察量的假定,宇称守恒定律之所以根深蒂固,就在于人们尚未能拿出违反这一规律的事实来。而这样的事实,历史愈长久,愈能在人们的脑海里形成不可变更的思维定式。这种心理现象对科学研究是不利的。科学要发展,就必须排除这种心理现象。事实上,科学的进步已为人们向传统的学说提出疑问提供了新的证据。

4. 初生牛犊不怕虎,大胆地假设

"$\theta - \tau$ 之谜"困扰了当时的物理学界。那个时候,物理学家们发现他们所处的情状就好像一个人在一间黑屋子里摸索出路一样。

经过长时间的研究,有这样一个念头一直在李政道和杨振宁的脑海里萦绕,这个念头就是:

"也许人们的假定有失误,宇称守恒定律本身有问题,即或许在弱相互作用下宇称本来就根本不守恒。"

后来的研究,被实验事实证明的,就是宇称守恒定律不适用于弱相互作用。当时,李政道和杨振宁很担心他们的想法,因为这是向传统挑战,这是和宇称守恒定律为敌。科学不是儿戏,推翻一种原理必须有足够的证据,要用实验来证明。

传统理论解决不了现实遇到的问题,这是明明白白的事实。李政道和杨振宁决心弄清楚这个事实。他们两人几乎天天在一起,为了一个概念、一个公式、一个定理,废寝忘食,夜以继日地反复推敲,反复比较。但是,收获仍然不大,因为这时他们仍然沿着传统的路子去思考、去寻找那些可能推翻"宇称守恒定律"的理由。

李政道和杨振宁越研究,越感到迷惑;同时,这个念头越明显也越强烈地出现在脑海,即"弱相互作用也许不守恒""弱相互作用也许根本不守恒"。

他们总是自问:

"我们的想法对吗?"

"如果对,可怎么又找不到证据?"

"如果不对,那么这个门又在哪里呢?"

在他们的研究中,这些念头也总是在他们的脑海里出现:

"奇异粒子就是奇异粒子,它不一定守恒,也不一定按守恒定律运动?"

"奇异粒子在衰变不守恒以后,又会怎么样呢?"

经过仔细的归纳推理,他们提出了一个大胆的假设,即宇称是双重态的。他们还把讨论的结果写成论文在 1956 年第 102 期《物理评论》杂志上发表。

这一观点一经提出,便遭到物理学界许多人的强烈反对。但两位年轻人并不气馁,他们认为他们毕竟迈出了第一步,向人们提出了他们解决问题的想法。

5. 千呼万唤，"弱相互作用宇称不守恒"理论的提出

李政道和杨振宁的理论假设尝试失败了，这再次证明按老思路去研究新问题的路子是走不通的。但要对传统理论和观念提出怀疑，不仅需要有足够的勇气，而且更要有可靠的事实证据，科学需要大胆的假设，也需要小心的求证。

李政道和杨振宁认识到，要从根本上推翻一个已被公认的概念、定理，必须首先证明，为何原先支持该概念的那些证据是不充分的。

"丁零零，丁零零……"一天深夜，李政道家里的电话铃声又响了。刚从书桌旁站起来的李政道迅速抓起了电话听筒。

"我是杨振宁，是政道吗？"

听到了杨振宁的声音，李政道意识到肯定有急事，忙说：

"是我，你还没有休息？有什么好消息？"

杨振宁也是快人快语：

"没有休息，还早着呢！你不是也没有休息吗？告诉你一个好消息，我借到一本厚厚的关于核谱学的书，明天你到我这里来，咱们一个一个地推算，或许咱们的想法能被证实是合理的！"

"太好啦！我明天一大早就会到你那里的！"

李政道高兴地答应了杨振宁的召唤,这时时间已过零点。

第二天一大早,李政道就跨进了杨振宁的办公室。他发现杨振宁正在桌子上演算着什么,地上、桌子上到处都是书。

"杨兄,身体可是本钱呀!"

李政道的话充满着关心和爱护。

杨振宁发现李政道已到,就站起身来说:"没关系,政道,你是不是昨夜一夜都没有休息,怎么来得这么早呀?"

李政道从袋子里拿出几页纸说:

"是呀,睡不着,你看,这是我昨夜演算的公式和画出的图表。"

说着,他们一块儿坐了下来,迅速地进入了他们的研究王国。

经过他们认真、细致、大量的推算,以往的实验及实验数据都以很大的精确度证实了宇称守恒定律。但他们却惊奇地发现,这些实验却没有一个是属于弱相互作用的实验。就是拿出他们的老师费米先生 1933 年的实验,即 β 衰变的实验数据,对于宇称是否守恒的问题都不能给出满意的回答。李政道和杨振宁认为,虽然在以往分析实验数据时,都假定了宇称守恒,但实际上是完全不必要的。

大千世界变动迅速,而且无奇不有。在科学研究中常常出现一些现行的理论无法解释的反常现象,但是不少人往往是习惯于用已知的知识去解释这种反常现象。学问学问,要继承还要否定,只有这样辩证地看问题,历史才会前进,社会才会进步。如果科学家停止考察发现的每一反常现象,或视而不见,墨守成规,那他必将一事无成。

李政道和杨振宁经过长时间的思考、讨论和反复演算、推理,于 1956 年 5 月提出如下结论:

（A）过去做过的关于弱相互作用的实验实际上与宇称守恒问题并无关系。

（B）在较强相互作用方面,确实有许多实验以高度准确性确立了宇称守恒定律,但准确度仍不足以揭示在弱相互作用方面宇称守恒或不守恒。

他们指出,在没有实验支持的情况下,长期以来,人们竟错误地相信弱相互作用中宇称守恒,这个事实本身是很令人吃惊的。他们也相信,物理学家如此充分了解的一个空间时间对称定律可能面临破产。两位中国年轻人告诉人们,他们两位也并不喜欢这种可能,他们是在试图解释"$\theta - \tau$ 之谜"的各种努力都遭到挫折后,才被迫考虑这种可能性的。

为什么在大量的关于 β 衰变(在各种弱相互作用中,β 衰变是研究得最为透彻细致的)的实验中,竟没有关于弱相互作下宇称守恒的信息呢？经过他们的研究分析,指出其原因来自两个方面：

首先,中微子没有被测量得到质量,这引起了模棱两可的情况,因而由 β 谱等简单实验得不到关于宇称守恒的间接信息。其次,要直接由 β 衰变研究宇称守恒,像以前那样只讨论核的宇称是不够的。必须研究整个衰变过程的宇称守恒。换句话说,必须设计一个能够测验衰变中左右对称性的实验。而这样的实验以前还未做过。

李政道和杨振宁指出,一旦明白了这一点,就很容易懂得,这种复杂全面的实验才能明确检验从未检验过的在弱相互作用下宇称守恒的假设。

身体劳累疲乏,夏天又是那么炎热,整整一个夏天,李政道和杨振宁在办公室里一遍又一遍地检查着所有以前的实验结果。随着一遍又一遍、一次又一次的检查,他们更坚定了自己的看法。

杨振宁后来回忆说：

"李政道博士和我在 1956 年夏提出了涉及 β 衰变、π - μ、μ - e 及奇异粒子衰变的一系列实验。所有这些实验的基本原理全都一样：安排两套实验装置,它们互为镜像且包含弱相互作用。然后检查这两套装置仪表上的读数是否总是相同。如果读数不同,就毫不含糊地证明左右对称性不成立。"

实际上，1956 年 6 月底，李政道和杨振宁的结论——"弱相互作用宇称不守恒"已经确定。

六

谬误与真理只一步之遥,新理论的提出在物理学界
反应不一。真金不怕烈火炼,在吴健雄女士的鼎力相助
下,李政道和杨振宁提出的理论被证实。

世界被震惊了。

美国物理学家杰里米·伯恩斯坦认为这是"战后整
个物理学上最令人惊奇而激动的事","是科学史上的一
个转折点"。

1. 生产新生儿的阵痛:科学界反应不一

经过无数个日日夜夜的辛勤劳动,李政道和杨振宁关于弱
相互作用宇称不守恒的分析工作于 1956 年 5 月底以前已大体
完成,而整理后的文章则是在 6 月 22 日定稿的。

按理说,文章已经定稿,李政道和杨振宁总该休息一下了,
因为他们实在太累了,体重也下降了不少。他们的工作方式和

身体状况，可真急坏了两位夫人，她们只能给两位提供优良的工作环境和有营养的饭菜，无法使得沉浸在研究中的他们稍微放松工作。

她们知道，李政道和杨振宁把工作视为生命，要他们在这项研究的关键时刻去休息几天，那是不可能的。

为了消除谬误，使论文结论更正确，两位年轻人一点也不敢粗心大意。他们深深地明白，他们是在向传统挑战，是在冒被"反对"的汪洋大海淹没的巨大风险。为此，整整一个夏天，他们都没有休息。他们不断地看资料和验算推理，为自己的论点寻找每一个证据。

1956 年 10 月 1 日，在这一天出版的《物理评论》杂志上，李政道和杨振宁正式向世人提出了他们的研究结论，发表了题为《弱相互作用中宇称守恒的问题》的论文。这篇后来被物理界誉为"战后以来最激动人心的发现"的论文明确无误地指出：

虽然在所有强相互作用中，宇称守恒的证据是强有力的，但在弱相互作用中，宇称守恒的证据却一个也找不到。因此，可以认为：在弱相互作用中宇称守恒定律也许根本就不成立。如果是这样，则"θ－τ 之谜"就可以轻而易举地被解决。θ 介子和 τ 介子原本就是一个粒子，即 K 介子。

两位初出茅庐的年轻博士,勇敢地提出了他们的独到见解。但是,对他们的见解,物理学界的反应却极不一致。

当时物理学界的大多数科学家认为,李政道和杨振宁的假设是非常大胆的,而弱相互作用下宇称不守恒这种可能性则是很小的。只有很少几位科学家支持这两位年轻人的研究结果。从总体上讲,大多数科学家对这两位年轻人的创新思维,是大不以为然的,认为这两位年轻人不是标新立异,就是哗众取宠。最典型的代表要数在 20 世纪最有名的理论物理学家之——瑞士苏黎世工学院的泡利教授了。泡利教授看到了李政道和杨振宁的文章后,就给从前的助手、美国麻省理工学院的韦斯科夫写信说:

> 我不相信上帝是一个无能的左撇子,我愿意出大价钱和人打赌,实验的电子角分布将是左右对称的。我看不出有任何逻辑上的理由说明镜像对称会和相互作用的强度有关系。

加利福尼亚工学院的教授费曼倒是比较冷静和客观。他看到李政道和杨振宁的论文后,提出了自己对宇称守恒的看法:

> 我认为这个概念不一定能兑现,但并不一定不可能,而

且可能性还是很惊人的。

普林斯顿高级研究所教授戴森看到李政道和杨振宁的论文后，也发表了自己的看法，他的表述是：

李、杨论文的副本，我看了，而且看了两遍，是很仔细地看了两遍。我认为这是一个很有趣的问题，可是我太没有想象力了，我说不出诸如：天呀！如果这是真的话，那它就为物理学开辟了一个全新的分支。

李政道和杨振宁敢于向公认的金科玉律挑战，已做好了充分的思想准备。他们清楚地知道，要使真理大白于天下，必须要有可靠的实验证据。实际上，他们在论文中已慎重地补充说：

因为目前我们关于奇异粒子的知识仍然很缺乏，所以上述论证是不能认真对待的，倒不如把它看作是考查宇称守恒问题的一个推动力。

任何新生儿的诞生，都是伴随着剧烈的阵痛的。

2. 理论需要实证：李政道和杨振宁的困扰

结论是提出来了，但"李－杨假设"究竟对不对呢？

李政道和杨振宁清楚地知道，要揭示宇称守恒定律在弱相互作用下不能成立，仅仅依靠一篇论文是说服不了物理学界同仁的，如果没有无懈可击的实验来充分证明自己的假设成立，物理学界是不会承认的。正如蒋东明先生所说：

> 李政道和杨振宁并没有打算就此罢休，他们决心不仅要呼唤人们离开将要倾倒的老屋，而且要招引人们走进新砌的殿堂；不仅要在坚冰上打个窟窿，而且要开足马力破冰快航；不仅要在荒滩上作星星点点的开垦，而且要在这原野里种植下桑竹千万棵。

那么，怎样才能有令人信服、无懈可击的实验呢？李政道和杨振宁着实为这一难题困扰了一段时间。

李政道和杨振宁首先开始设想实验的基本方法及合理步骤。

他们认为，这个实验最主要的是形成在弱相互作用条件下，记录下元素衰变粒子的出射方向分布是否真正成为镜对称。如果是镜对称,那么出射的电子沿母核的转动轴和逆转动轴两边飞出的粒子几乎应是相同的;如果不是镜对称,则对衰变母核观察时,对顺时针看和对逆时针看是两种情形。

这个实验技术性要求很高,设备要好,特别是对主持实验者要求更为严格。那么,谁最合适做这个实验呢?

论文已经公之于世,实验的方法、要求和具体步骤也已经设计好,但要找一个理想的实验者却是一件很不容易的事。李政道和杨振宁为此又陷入了困扰之中。

李政道和杨振宁开始排查著名的实验物理学家,仔细地了解每位实验物理学家的个人情况,希望从中找到一位理想的实验主持者。功夫不负有心人,经过认真的排查和细致的了解,他们终于想到了一个理想的实验物理学家。这个理想的人物就是美籍华人、著名的实验物理学家吴健雄。

3. 鼎力相助:实验物理学家吴健雄的魄力

吴健雄在 50 年代,已经以巧妙、娴熟和高度精确的物理实验本领闻名美国。她于 1934 年毕业于南京中文大学,1936 年进入美国加利福尼亚大学学习,1940 年获得博士学位,1942 年与美籍华人袁家骝在美国结婚,1952 年任职哥伦比亚大学副教授,1958 年晋升为教授,同年当选为美国科学院院士,1972 年起担任普宾讲座教授直到 1980 年退休，1975 年曾任美国物理学会第一任女性会长。

　　吴健雄对 β 衰变的一系列实验工作，特别是 1963 年证明的核 β 衰变中矢量流守恒定律，是物理学史上第一次由实验证实电磁相互作用与弱相互作用有密切关系，这对后来电弱统一理论的提出起了重要作用。吴健雄对粒子或辐射探测器的研制也有不少贡献。在 1959 年穆斯堡尔效应被发现之后，吴健雄就对它有深入的研究，其最重要的贡献为利用穆斯堡尔光谱法于生物学中大分子的结构的研究。在 1950 年以前，吴健雄已经做了一个关于量子力学的基本哲学的实验，被称为爱因斯坦－波多尔斯基－罗森实验或矛盾，结果证明了正电子与负电子的宇称相反，说明了与目前的量子力学并无矛盾。1970 年，她的实验小组对此作了进一步实验，在更高程度上支持量子力学的正统法则，再次否定隐变量理论。吴健雄以其为数众多的贡献而赢得了崇高的荣誉。1958 年，普林斯顿大学授予她名誉科学博士称号，这是普林斯顿大学第一次把这个荣誉学位授予一位女性。她还获得其他 15 所大学的名誉学位。美国总统授予她 1975 年国家科学勋章。1978 年，她获得国际性的沃尔夫基金会首次颁发的奖金。吴健雄还受聘为南京大学、北京大学、中国科学技术大学等校的名誉教授，中国科学院高能物理研究所学术委员会委员。

李政道和杨振宁的论文发表后，也引起了吴健雄教授的极大关注。尽管当时物理学界不少人对李政道和杨振宁的设想反应不一，或者说极不热情，但吴健雄认为，即使实验出现预料结果的可能性很小，也还是应该进行验证这一基本原理的实验。

"丁零零，丁零零……"

一天上午，吴健雄家的电话铃急促地响个不停。

这个电话打得真不是时候。吴健雄正在收拾行李，准备同她的丈夫、美国布鲁克海文国家实验室著名高能实验物理学家袁家骝教授一道赴日内瓦和远东等地进行巡回讲学。由于工作繁忙，多少个外出的机会都失去了，特别是两个人结婚以来几乎没有外出度过假。这次他们下定决心结伴远行，一来讲学了解外面信息，二来拜会老朋友，参观游览消遣散心。当她听到电话铃声，就有一种预感：这次结伴远行的计划临行可能又要告吹。吴健雄无奈地看着丈夫：

"你说，接不接电话？"

袁家骝摊了一下手，说：

"接吧，或许不是工作方面的事！"

吴健雄听到丈夫的话，就顺手拿起了电话听筒。

"喂，是哪一位呀？"

"是吴大姐吗？我是李政道！"

"是政道呀，你有什么事？"

一听是李政道打来的电话，袁家骝立刻明白了，这一次恐怕真的难以结伴远行了，他无奈地坐在沙发上。

李政道一听是吴健雄大姐的声音，马上急促地说：

"吴大姐，我知道你们要远行，可是我有件大事要请你帮忙，我马上就到你那里去！"

电话断了，吴健雄不自然地放下电话听筒，看着有点失望的丈夫，说：

"看来我们的计划要取消了，真是对不起你。可是李政道和杨振宁需要帮忙呀！我们不帮助他们，谁来帮助他们呀？"

袁家骝多么想让劳累的妻子放松一下呀，但他还是理解地说：

"健雄，没关系，机会还多。只是，我担心你的身体会吃不消。你一投入工作就没有白天和黑夜。"

吴健雄理解丈夫的苦心，也动感情地关照丈夫道：

"这次远行，我又不能在你身边，你也要保重身体呀！实际上，你和我一样，一工作起来，什么都会忘记的！"

正当两个人在互相关照的时候，门外传来了急促的脚步声。吴健雄和袁家骝几乎是同时站起来去开门。门一开，满头大汗的李政道就闯了进来，手里还拿着一大摞材料。

一进门，不管三七二十一，李政道就大声地说：

"吴大姐，袁大哥，你们真的必须帮我们的忙。我们认为这项实验非你吴大姐莫属！"

看着李政道认真、着急的样子，吴健雄急忙说：

"别着急，先坐下，慢慢说。"

李政道把材料放在桌子上，坐下来，接过袁家骝递过来的毛巾，擦了擦脸上的汗，接着说：

"'$\theta-\tau$之谜'困惑了许多物理学家，为了解开这个谜，我和杨振宁兄做了多次尝试，最后的理论分析，大姐、大哥你们也知道啦。我们认为弱相互作用下宇称也许根本就不守恒。但只有论文还远远不够，必须有无懈可击的实验证明才能使人信服。所以，我们想到了由大姐你来做这个实验最合适。我们也设想了实验的方法、要求和具体步骤。"

说着，他就把自己拿来的一大摞资料交到吴健雄的手里。

大致地翻看了一下材料，吴健雄认真地对李政道说：

"好吧，我就接受这项实验任务，我想或许你们能够成功！"

听了吴健雄教授的允诺，李政道高兴得不知说什么好。本来性格就内向的李政道，此时只是不停地说：

"谢谢你，谢谢你……"

李政道迅速拨通了杨振宁办公室的电话，把这一好消息告诉了正在那里等待回音的杨振宁。

就这样，吴健雄毅然决定单独留下来，接受这项艰巨而又有巨大风险的实验任务，而让丈夫袁家骝单独一个人远行讲学。

4. 世界被震惊了：实验结果令人满意

吴健雄毅然接受了这项艰巨的实验任务，这使李政道和杨振宁非常高兴，只是对吴健雄不能和丈夫一起赴欧洲讲学感到心里不安。

纽约的秋末，冷风飕飕，落完了树叶的树木在秋风吹拂下发出嘶嘶的声音，走路的行人也似乎感到今年的秋天特别的冷。

室外的温度很低，但吴健雄的室内却充满了暖意。从决定接受实验任务那一时刻起，吴健雄就忙碌起来。她深知，这次实验的结果不仅对李政道和杨振宁十分重要，而且对自己的声望也很重要。这一次实验，设备和技术要求也很高，增加了实验的难度，现在，吴健雄正在根据李政道和杨振宁的实验设想，进行紧张细致的实验前期的基础准备工作。

摆在吴健雄面前的首要任务是组织一个合作密切、工作效率高的精干的专家实验小组。这一工作是最为困难的工作之一。实验小组的人员组成是实验成功的基本保证，如果实验小组人员水平不高，组织不好，会直接影响实验的准确性和最终结果，所以，对实验小组的人员组成，吴健雄非常慎重和认真。经过详细的调查和了解，她发现当时美国华盛顿国家标准局的安布勒正在研究放射性核钴 60 的低温取向问题，并且还了解到在他的周围有一批搞实验物理学、超低温技术的专家。她经过调查，还了解到，当时华盛顿国家标准局设备先进，在当时是属于第一流的。吴健雄认为，国家标准局实验室是最理想的实验场所。于是，吴健雄就来到了华盛顿的国家标准局。

安布勒是一个非常爽快的人，具有标准美国人那种热情、爽朗、外向的性格。安布勒了解了吴健雄的来意之后，愉快地应诺了与吴健雄女士合作搞实验的要求，并且允诺先放下手中的实验工作，全力以赴搞这项重要的实验。经过协商，安布勒的实验组人员都愿意加入这个实验队伍，国家标准局也允诺可以在这里做这项艰巨的实验工作。

看着吴健雄女士，安布勒微笑着说：

"吴教授，我和我的合作伙伴都加入到了这个实验小组，我很高兴能和吴教授一块儿做实验工作，我想我们会合作得很愉快的。我和我们的组员有两个小小的要求。"

说到这里，安布勒打住了话题，不往下说了，观察着吴健雄的反应。

面对安布勒和多位合作者，吴健雄高兴地问安布勒道：

"有什么要求，尽管说，只要我能办得到，一定会满足各位的要求。"

听了吴健雄的真诚话语，安布勒也真诚地全盘托出：

"实际上，我们也没有什么特别的要求。我们不了解中国，只知道中国文化悠久、地大物博。如果工作中有空余的时间,我们都想从吴教授你这里了解一下中国灿烂辉煌的文化。我们还听说,吴教授手艺很好,很会做中国菜,你能不能在方便的时候为我们露几手,也让我们开开眼界,饱饱口福?"

当安布勒讲这番话时,实验小组的人个个都很认真地看着吴健雄教授的反应,都希望吴健雄教授能答应这两个要求。

听了安布勒的话,看着大家的神情,吴健雄既感激又高兴,双手一举,大声地说:

"没问题,请大家放心,我一定满足大家的要求。我会在咱们相处的时间内系统地讲述一下中国的传统文化,我也衷心地欢迎各位在方便的时候到中国去看一看。在实验结束后,我请客。我一定亲自下厨为各位做几道有特色的中国家乡菜,包管你们满意。"

一切都谈妥了,吴健雄在华盛顿给李政道和杨振宁打电话说:

"两位小弟,一切顺利,可以开始我们的工作了!"

就这样,由吴健雄领导的一个由实验物理学家、超低温技术专家组成的实验小组,全力以赴地开始了实验前的各项准备工作。与此同时,在芝加哥大学,还有另外一个小组,根据李政道和杨振宁提出的另一方案,也开始进行实验。

做这样艰巨而复杂的实验,吴健雄很自信,但事关重大,她一点也不能马虎,她必须认真仔细地考虑每个可能出现的细小环节。她就像大战前的总指挥官,运筹帷幄,大胆而谨慎地做着各项准备。

吴健雄度过了一个个不眠之夜,对每一个细小的环节都亲自把关。从开始准备实验工作算起,她就没有离开过实验室。她吃在实验室,住在实验室。李政道和杨振宁也经常跑到实验室和大家一块儿商量,考虑实验中可能出现的情况,制订解决的方案。

1956 年 12 月 27 日,一切准备工作就绪,就等着一声令下进行实验。

电话铃响了。李政道一大清早就从哥伦比亚大学打来电话,了解情况。

吴健雄教授习惯早起,她拿起电话,对李政道愉快地说:

"告诉你,政道小弟,一切准备工作就绪,实验就要开始了。我想上帝的看法会和我们的看法一样的!"

"吴大姐,但愿如此!我们是很虔诚的。上帝会站在我们这一边的!"

实验小组全体人员精神抖擞,各就各位,又对各种实验设备仔细地检查一次。在确认无误的情况下,吴健雄下达了开始实验的命令。

每个人员都在仔细地看着自己工作岗位上的仪器,盯着计

数器。计数器显示,发射速率越来越趋于稳定,一切变化与原来设想的相吻合。看到仪器上稳定的数字,吴健雄下达了命令:

"改变磁场方向。"

实验结果与期待的结果一样,宇称守恒定律在弱相互作用中被否定了!

为了确保实验结果无误,吴健雄大声说:

"再来一次!"

仪器显示的结果和第一次一模一样。

"再来一次!"

仪器显示的结果和第一次、第二次显示的结果完全相同。

重复实验的结果,准确一致。

事实告诉人们:实验成功了!

经过100多天的认真准备,最终的实验只进行了大约不到30秒钟!

"成功了,成功了!"

所有参加实验的人员都高兴得跳了起来,吴健雄也激动得说不出话来。她突然一转身,走到电话机旁,抓起听筒,打通了哥伦比亚大学的电话:

"政道、振宁小弟,我太高兴了,实验成功了!"

听到这个好消息,两位年轻的博士激动得当场拥抱在一起。他们流着眼泪对吴健雄教授真诚地说:

"谢谢您,大姐! 太感谢您了! 感谢全体实验小组的女士先生们!"

放下电话,李政道和杨振宁互相对视着,他们激动得像小孩子似的,又一次拥抱在一起。是啊,成功来得太不容易了!

自从"$\theta-\tau$之谜"问题问世以来,科学家们伤透了脑筋,正像人们所说,此时人们都在黑屋子里摸索,多少人想找到能够走出这座屋子的门,但没有成功。李政道和杨振宁这两位中国年轻人通过自己艰苦的努力,终于找到了走出这座黑屋子的大门。

华盛顿国家标准局的实验结果明明白白地告诉人们,李政道和杨振宁找到的大门正是走出这座黑屋子的唯一的大门。无可辩驳的实验事实,终于使李政道和杨振宁成功地迈出了这令人感到非常冒险的一步。在弱相互作用下宇称不守恒,被物理学界奉为不可逾越的宇称守恒定律今天终于被逾越。

1957 年 1 月 15 日,哥伦比亚大学物理系举行了一次记者招待会。这次招待会盛况空前,热闹非凡。正是在这次记者招待会上,李政道和杨振宁向全世界宣布:

"宇称守恒定律"这个物理学的基本定律在弱相互作用中予以推翻!

第二天,《纽约时报》头版头条刊登了弱相互作用中宇称不守恒的重大新闻。

普林斯顿高级研究所所长奥本海默在给杨振宁的回电中

说：

"终于找到了走出黑屋子的门！"

1957 年 1 月中旬以后，全世界的物理学家都在讨论关于宇称不守恒的话题。哥伦比亚的实验小组、芝加哥的实验小组在与他们的合作者做李政道和杨振宁论文中建议的另外一个实验时，也证实在弱相互作用中宇称确实不守恒。1 月 30 日开始，美国物理学会在纽约举行年会，2 月 2 日为宇称不守恒举行了半天的特别讨论会。参加会议的物理学家人数创下了美国物理学会史上的最高纪录。很多与会的物理学家认为，参加这个会议有一种亲眼看到科学历史转折点的感觉。

看到弱相互作用中宇称不守恒被实验证明的消息后，意大利著名物理学家、诺贝尔奖获得者塞格莱感叹道：

> 这三位中国物理学家表明，只要中国这个伟大的国家一旦克服了革命时期的动乱局面，重新担负起她在世界先进文明中原来所担负的历史任务，她将在物理学方面做出多么伟大的贡献。

震动科学界的这一发现被实验证明以后，美国物理学家杰里米·伯恩斯坦指出这一发现的意义是："战后整个物理学上最令人惊奇而激动的事""是科学史上的一个转折点"。

1984 年 5 月,美国总统里根在访问中国时,对李政道和杨振宁的科学发现给予高度赞扬。里根总统说他们的发现"丰富了我们对宇宙、对物质的基本特点的认识。"

七

1957 年 12 月 10 日下午 4 时半，斯德哥尔摩市中心的蓝色音乐厅，热闹非凡，一片节日气氛。诺贝尔领奖台上站立着炎黄子孙——李政道和杨振宁。整个中华民族都为之骄傲和自豪。

1. 伟人及伟业：诺贝尔及诺贝尔奖

李政道和杨振宁经过不懈努力，发现了弱相互作用中宇称不守恒。这一发现说明宇宙间万事万物不一定都存在着对称的关系，这一新理论对于宇宙的构造，以及对于研究较小物质构造都有着重大的意义。无怪乎人们惊呼：

"物理学因之进入了一个新纪元。"

"一个相当完整的理论体系已被从根本上摧毁了，我们不晓得怎样再把碎片重新建立起来！"

李政道和杨振宁的理论"弱相互作用中宇称不守恒"的提

出和被吴健雄等人的实践所证实,不仅解决了"θ-τ之谜",同时也开辟了弱相互作用研究的新领域、新课题。这好比打开了被锁着的黑屋子的大门,豁然开朗,人们突然发现了外部世界的广阔天地。

那么,被人们奉为金科玉律的"宇称守恒定律"为什么能被打破呢?

这首先是因为李政道和杨振宁敢于向传统挑战,敢于反向思维,敢于提出自己的新见解。李政道和杨振宁认为,"θ-τ之谜"之所以不能被解决,可能是因为作为这个问题的大前提,即认为自然界万事万物总是守恒的理论是错误的。两位年轻的中国博士经过仔细的分析,认为弱相互作用中宇称是不守恒的,而以前的理论全都是臆想假定,完全没有实验证据。这就是说,宇称守恒定律所以能被打破,是由于历史上根本没有证明(也受当时条件、设备、技术的限制)弱相互作用中宇称守恒的实验。宇称守恒是一种主观愿望代替客观规律,是一种"先验"的断定。李政道和杨振宁的新理论打破了"宇称守恒定律",并不是否定了曾由实验证明为正确的定理或定律,所打破的只是一种先验的成见和臆想。新理论只是使事物恢复了它本来的面目。

古希腊大数学家欧几里得提出一条有名的定理"三角形内角之和等于180°"。这条定理一经提出,两千多年来被认为是千古不变、放之四海而皆准的真理。但随着时间的推移,随着航海事业的发展,到 18 世纪,这个定理拿到航海事业上去一试,却解决不了问题。人们按照它来计算海面上的距离,总是不准确。原来地球是球形的,大海作为球面的一部分,也不是一个平面,而是一个曲面。而在曲面上,三角形的内角之和并不等于180°。客观世界的事实,打破了两千多年来的空间概念的唯一性,这促进了非欧几里得几何学的产生。于是,产生了黎曼几何、罗巴切夫几何。说明了欧几里得几何只有在平面上才适用,在负曲率空间必须让位于罗巴切夫几何,在正曲率空间必须让位于黎曼几何。

牛顿是一位具有重大成就的科学家。牛顿力学把天上地下的一切运动都包括在"三条定律之下"。这三条定律,也被称为"永恒定律"。但相对论力学和量子力学的兴起,证明了牛顿力学的适用范围也并不是那么广大无边。即:它只是在宏观低速下适用,在宏观高速运动下要用相对论力学来代替,在微观世界要用量子力学来代替。

无数的历史事实告诉人们:科学真理不可能一成不变,某一件科学真理只是反映了人们在某一时代、某一条件下对客观事物的认识水平;受各种条件限制,人们对事物认识的广度、深度总是有局限性的。

要打破常规,仅有勇气提出新见解还远远不够,还必须要有充分的科学事实来证明。李政道和杨振宁的新理论一经提出,物理学界反应不一，即说明仅有理论假说还不能说服人们，只有在充分的实验事实面前，人们才能信服。中国著名哲学家胡适先生的名言是：大胆假设，小心求证。李政道和杨振宁不仅大胆地假设了，而且小心地求证了。经过仔细研究，他们提出了几套实验方案，在吴健雄教授的鼎力相助下，实验结果充分地证明了李政道和杨振宁新理论的合理性、科学性。

李政道和杨振宁的"弱相互作用中宇称不守恒"理论提出的更重要的意义还在于进一步揭示了自然界的演化规律，即李政道和杨振宁的研究工作进一步说明了：自然科学上的各个守恒定律都有各自的特殊性，但又有一个共同的特点，即都同一定的不变性联系着并对立着。

1957 年 10 月，国际诺贝尔奖评奖委员会发来了通知：由于李政道和杨振宁一起提出在弱相互作用中宇称不守恒，从而使基本粒子研究获得重大发现，因而共同获得 1957 年诺贝尔物理学奖，并请届时参加授奖仪式。

接到这一通知，李政道和杨振宁非常高兴，两人共同举杯祝贺，又一次紧紧地拥抱在一起。诺贝尔奖在人们心目中享有崇高的地位，每个科学家都把能获得这一奖励当作是极其崇高的荣誉。更使李政道和杨振宁高兴的是，这次获奖的时间，距他们发表的《弱相互作用中宇称守恒的问题》论文，只一年多一点，而吴健雄教授的实验，也只是本年年初的事情。在这么短的时间内就受到国际物理学界的公认，并获得诺贝尔奖，这在诺贝尔奖的历史上是罕见的。

诺贝尔，瑞典著名的化学家和发明家，于1833年10月21日，出生在一个刚刚破产的诺贝尔家族。他生下来就瘦小多病。谁也不会想到，正是这个面色苍白、病魔缠身的孩子，后来竟成了拥有几百项发明专利的大发明家，并成为举世瞩目的诺贝尔奖奖金创始人。

对诺贝尔的一生产生了巨大影响的人是他的父亲伊曼纽尔·诺贝尔，他是一个对发明兴趣极为浓厚的人。诺贝尔出生的时候，父亲刚刚破产。他离开家庭到芬兰、俄国时，诺贝尔才只是一个4岁的孩子。到了上学的年龄，由于身体多病而无法上学，诺贝尔经常在家里学习、读书、写作业、画画。诺贝尔学习是很努力、刻苦的，因而取得了好成绩。1842年，诺贝尔和家人乘船远行，离开故土，到了彼得堡，从而也结束了他的童年生活。到彼得堡后，生活和学习条件大为改观，诺贝尔希望成为诗人和小说家。这时父亲的发明事业和工厂里隆隆的机器声对他很有吸引力。为了使诺贝尔尽快地走上科学发明的道路，父亲让他到国外学习新的科学与技术。就这样，17岁的诺贝尔一个人周游了世界。他先到了德国，后又到了丹麦和意大利，不久他又到了法国巴黎和英国伦敦，他最希望去的是美国纽约，他在纽约停留了两年。他终于学成回家，和父亲兄长一起办起了工厂，从此他对炸药极感兴趣。工厂破产了,他对炸药的兴趣和研究没有停止。经过多少个不眠之夜,硝化甘油炸药终于研制成功。后来,弟弟在实验室发生的爆炸中丧命,诺贝尔还坚持实验,达纳炸药研制成功,取得专利。从此,诺贝尔工厂走向世界。诺贝尔达到了他事业的高峰期,发明一个接着一个,专利一个又一个地得到批准。他积累了巨大财富,被瑞典皇家科学院接纳为会员。诺贝尔一生没有结婚,他的兴趣就是永不停息地工作、工作、再工作,直到生命最后一刻。尽管诺贝尔发明的很多东西与战争有关,人们送给他"军火商""炸药大王""靠制造毁灭性武器而发大财的大实业家"等称号,但诺贝尔却极为关注世界的和平运动,并且不断地资助和平事业。1893 年,他从法国迁回祖国瑞典。1896 年 12 月 10 日凌晨 2 时,诺贝尔结束了他那不平凡的一生,终年 63 岁。

诺贝尔没有把一生艰苦创业所积累的数额巨大的财富据为己有,或留给自己的亲属,而是通过设立诺贝尔奖的形式,把它无私地献给了世界和平、科学发展和人类的进步事业。

当时,诺贝尔奖奖金不是平均地使用于人类各个科学文化领域的,只是选择了他认为与人类的生存与发展关系最为密切的五个重要领域:物理学、化学、生理学或医学、文学、和平。1900 年 6 月 29 日公布了诺贝尔奖评选获奖人的程序,并于1901 年 12 月 12 日,颁发了第一批奖金。

2. 辉煌的一页：李政道在领奖台上

李政道和杨振宁及他们的夫人是 12 月 8 日抵达斯德哥尔摩,来参加隆重的诺贝尔奖授奖仪式的。

瑞典首都斯德哥尔摩是个景色秀丽的水上城市。它位于波罗的海西岸、梅拉伦湖的入海处。它坐落在 14 个小岛和半岛上,水道纵横,景色宜人,远远望去,西接一望无际的梅拉伦湖,东临波罗的海海湾,桥梁把市区连成一片。水面上水鸟飞翔、船只不断,街道上高楼耸立、绿荫如盖。清晨,整个城市常被薄雾笼罩,如梦如幻。雾散之后,树枝上会留下洁白而又蓬松的雾花,在阳光的照射下格外迷人。

这真是人间仙境,是旅游休闲的好去处,被称为"北欧的威尼斯"。

位于斯德哥尔摩市中心的蓝色音乐厅,看上去既不高大,外表上也不能说特别美丽漂亮,但它在人们的心中却是十分庄严高贵的,人们都把它视为"智慧和力量的象征"。每年的 12 月 10 日,即诺贝尔逝世纪念日,都要在这里以隆重的仪式颁发本年度的诺贝尔奖。

12 月的斯德哥尔摩,已是隆冬季节,但却显出一派热烈的节日的气象。

庄严的时刻终于来到了。12 月 10 日下午 4 点,一辆辆高级的轿车停靠在音乐厅门前,瑞典的皇家成员、政界显要、社会名流和使节贵宾都先后就座。妇女们穿着节日的盛装,男子们则按要求身着灰色礼服,即使记者也都必须打白色领带穿黑色燕尾服。这一切,都使人感到气氛的隆重、庄严。

31 岁的李政道和 35 岁的杨振宁被基金委员会的委员带领着,在热烈而庄重的气氛中登上了斯德哥尔摩市中心蓝色音乐厅里的诺贝尔领奖台。得奖者在主席台上的次序是按诺贝尔遗嘱的次序安排的:物理、化学、生物、文学。

诺贝尔基金会奖金颁发仪式程序如下:

时间:1957 年 12 月 10 日(星期三)下午 4 时 30 分;地点:音乐厅大礼堂

1.套曲 H.阿尔福文

2.获奖者在台上就座

3.基金会主席 H.C.B 埃克伯格勋爵阁下讲话

4.弦乐　亨利·玻塞尔

5.O.克莱因教授讲话后,向获 1957 年诺贝尔物理奖的李政道和杨振宁颁发奖金

6.A.弗雷查教授讲话后,向 A.托德爵士颁发 1957 年诺贝尔化学奖

7.套曲《丝之路》 C.罗西尼

8.B.尤弗那斯教授讲话后,向 B.博韦特教授颁发1957年诺贝尔生理或医学奖

9.《孔雀舞曲》 M.拉韦尔

10.A.奥斯特林博士讲话后,向 A.卡穆颁发1957年诺贝尔文学奖

11.奏瑞典国歌

演奏单位:斯德哥尔摩爱乐乐团

指挥:瑞典皇家歌剧团总指挥 S.埃尔林

会场里座无虚席,获奖者聚精会神地端坐在很高的、刻有雕花皮背的扶手椅上,他们在听音乐和演说时面向着观众。杜致礼、秦惠箸两位夫人则坐在台下前排,穿着最美丽的礼服,目不转睛地注视着她们的丈夫,这是多么令人骄傲的一刻啊!

李政道、杨振宁和其他几位获奖者拘谨地把手放在膝盖上,认真地听着台上主持人的每一句话。

诺贝尔奖章和证书,由瑞典国王颁发,按既定的次序,李政道和杨振宁首先领奖。他们走到国王跟前,国王陛下和他们握了握手,并分别递给他们奖章和证书。他们从国王手中接过奖章和证书时,心情非常激动。台下的两位女士杜致礼和秦惠箸,也同样激动。

令中国人感到自豪的是:1957 年,李政道和杨振宁荣获诺贝尔奖时,所持用的还是当年留学出国时的中国护照。

诺贝尔奖章金光闪闪,用纯金铸成,直径约为 8 厘米。正面图像的中央,美丽的自然女神亭亭玉立,她的右手怀抱着一个号角,硕大的号角里放满了丰硕的果实。在她的左边,科学家女神正轻轻地在揭起蒙在自然女神头上的面纱,图案精致美丽,含义深刻;科学与收获是紧紧地联系在一起的,当人们揭开自然的秘密时,必然会有丰硕的果实。在正面,图像的正中下方镌刻着奖章主人的名字及时间。

奖章的另一面则是诺贝尔的侧面头像,环绕头像镌刻着他的英文名字:ALFR · NOBEL,另外还有瑞典科学院的缩写。再就是一段简短的赞词:

> 多么仁慈而伟大的人物,他的献身精神和发现,给人们带来智慧和幸福。

整个颁奖仪式热烈而庄重。随着这一年一度的盛典的举行,获奖人的名字不断地在全世界传颂,激励着人们为科学事业而献身。

坐在台下第一排的李政道的夫人秦惠䇹女士显得格外激动。今天这欢快的乐曲在她听来好像只为她的丈夫而演奏,整个仪式都是为她的丈夫而举行。她想,丈夫为今天这个光荣时刻的到来付出了难以计算的艰辛的劳动,在这收获的时刻,他可以尽情地享受这快乐的时光,她为他感到骄傲和自豪。往事在她脑海里翻腾,泪水模糊了她的视线。前几天,在哥伦比亚大学的家中,丈夫兴冲冲地跑回家,激动地塞给她一封电报,那是中国大陆著名物理学家吴有训、周培源和钱三强代表中国物理学会打来的电报。电报中说:"中国物理学界对这一可喜的事件感到自豪。"李政道拿着这封电报,高兴地连连道:

"太好啦,太使人高兴了! 这是我的老师打来的电报啊,这真是太荣幸了!"

秦惠箬从没看到丈夫这样激动过。她知道,丈夫的脚印曾深深地烙在太平洋彼岸那一片深情的故土上,他在那里出生、成长,在那里打下了坚实的基础;在那里,有家乡,有亲人,有培育他的老师,有令他难忘的乡情。就在他们到达瑞典下飞机时,中国驻瑞典大使馆的文化参赞徐中夫先生赶到机场来迎接他们,李政道和他握手握了很长的时间。她感觉出,丈夫同徐中夫先生的握手绝不是一般的交往应酬,而是把全部的思念祖国的感情都凝聚在那双大手上了。是啊! 祖国,您的儿女正为您增光添彩。祖国母亲也为拥有这样的英雄儿女而自豪。

李政道和杨振宁,这两位中华民族的子孙,用他们的聪明才智,再次向全世界表明:东方人并不笨,东方人和西方人具有同等的智慧和创造能力。

当天晚上,诺贝尔基金委员会和瑞典皇家科学院,在市政大厅举行盛大晚宴。出席宴会的有成群的宫廷显贵和社会名流、著名科学家与诺贝尔奖获得者及他们的夫人们。按仪程要求,在宴会前,获奖者都要发表简单的礼节性演讲。李政道作了简短的演讲后,杨振宁也发表了简短的演说。

第二天,1957 年 12 月 11 日,大会按诺贝尔基金会条例规定,请获奖者作正式演讲。这是一个十分重要的演讲,获奖者要向人们介绍他们的获奖成果或工作情况。

按照惯例,获奖者要用本国语言发表演说。杨振宁首先走上讲台,风度翩翩地用汉语说:"有机会同诸位讨论宇称守恒及其他对称定律,我感到莫大的高兴和荣幸。"然后做了题为《物理学中的宇称守恒及其他对称定律》的演讲。他在演讲中概括地谈了物理学中守恒定律的作用,介绍了导致推翻宇称守恒定律的过程,并讨论了物理学中的其他对称定律。

在杨振宁演讲结束后,李政道登上讲台,作了题为《弱相互作用和宇称不守恒》的演讲。

李政道用汉语风趣地说道:"关于现代物理学基本观念的修正,是我和杨振宁博士在哥伦比亚大学附近的'中国餐馆'里用膳前后经常讨论而获得的结论,今天终于能公之于世并得到各位的承认。"他以娓娓动听的语言在主要介绍了宇称守恒定律被推翻以来的一些很有意义的激动人心的发展后，便离开了具体的物理内容，讲述了中国古老而又有趣的孙悟空的故事来。他说："孙悟空尽管一个筋斗能翻十万八千里，但是他翻来翻去，还是没有翻出如来佛的手掌心。我们在寻求知识过程中，可能做出迅速的发展，但是我们必须记住，即令我们翻筋斗到如来佛的手指根上，但我们离绝对真理还远着呢！"

李政道的讲话博得了热烈的掌声。

李政道和杨振宁获得如此崇高的荣誉，震撼了全世界。美国前总统卡特说："历史悠久的中华文化，对于我们永远是一种启示；中国的艺术，使我们的生活更加丰富多彩；许多华裔同胞在活跃和加强我国社会生活方面做出了不可估量的贡献。"

3. 名师出高徒：诺贝尔奖获得者回顾

诺贝尔奖的设置已有近百年的历史，它记录了 20 世纪重大的科学成就，也包括了 19 世纪末的一些重要发现。诺贝尔当年的遗愿是希望通过奖金的设置能够对为人类的发展做过重大贡献的科学家进行奖励和表彰，并以此促进科学事业的发展，使科学更好地造福人类。以他的名义颁发的奖金对世界科学事业的发展确实起到了促进作用。

概括起来有以下几个特点。

第一个特点,诺贝尔奖的评定很重视探测手段方面的创造性研究。在现代科学研究过程中,实验设备和实验方法是具有特殊的重要意义的。现代科学研究的对象大部分是肉眼看不见、摸不着的领域,不借助于特殊的科学手段,就无法对它们进行研究,而探测手段的革新则往往带来新的基础。因此,现在许多国家都非常重视科研设备和工具的研制与更新,正因为这样,诺贝尔奖对每一项重大的探测手段的革新几乎都给予了奖励。

第二个特点,诺贝尔奖对基础理论的研究也非常重视。人们都知道,基础理论对于科学发展往往具有永久性和方向性的作用。20世纪以来,物理学的发展从宏观世界到微观世界,原子物理和原子核物理是物理学发展的前沿阵地,尤其是基本粒子方面的研究,逐渐揭示了物质世界的本质。这一方面的发展极为迅速,诺贝尔奖的评定也对此给予了特别的重视。近百年来物理学奖的获奖项目中,主要是基本粒子方面的成果,其数量大约占一半左右。

第三个特点,诺贝尔奖对将科学研究成果用到实际生产中去是科技工作的最终目的也给予了足够的重视。人们都知道,科学研究只是手段,研究的目的是促进生产的发展,改变人类生活环境和生活水平,即研究的目的主要在于把研究成果运用到生产实践中去。

第四个特点,诺贝尔奖的评定大都不是在这项成果刚刚公布的时候,而是在经过若干年的实践检验,证明这些科学家的研究成果确实对科学发展起了重大作用,甚至对生产的发展发生了重大影响之后才给予评奖。诺贝尔奖的评选由于坚持了这一条,才保证了发奖项目基本上选得正确,保证了发奖对象的最高水平。

现在,诺贝尔奖已经在科学技术界成为一种荣誉的象征,获奖者不但在本国,而且在国际上一般都有公认的社会地位和学术影响。许多国家都以本国的科学家能获得诺贝尔奖为荣,获奖的人数确实也成了衡量一个国家科学水平高低的因素。如从1901年颁诺贝尔奖算起,到2003年止,美国共有273人获得了诺贝尔科学奖金。由于奖金的巨大作用和影响,现在许多国家以及许多专门学会、基金会都以不同的形式颁发各自的科学奖金,对重大的研究成果进行奖励,对重要的科研项目也进行资助,对有成就的科学家从经济和精神上也给予表彰。这些都取得了很好的效果。

当然,科学的发展主要不是因为某些奖金的设置,而是社会生产发展对科学技术提出的要求以及实验领域新发现的现象,还有国家的投资、国际间的合作和学术交流、学术研究上的民主作风、科学争鸣、科研人才的培养、科学家的勤奋劳动、国家的科学政策等因素作用的必然结果。但不可否认,诺贝尔奖从选题、措施、方法甚至指导思想等方面都对科学技术的发展产生了重大影响。

中国在不少科学领域的研究和先进国家相比还有不小的差距,中国要奋起直追,要多培养年轻科学家,能有更多的人获得诺贝尔奖,这就要求人们要了解诺贝尔奖获得者的师从情况。或许对这一情况的了解,有助于中国的科研政策的导向和科学家选择科学的行为,特别是在知识经济条件下的科技创新时代,师从情况的研究更应引起人们的高度重视。

"名师出高徒"是古今中外的一句名言。

美国经济学家保罗·缪塞尔森 1970 年在他获得诺贝尔经济学奖的演说时说:

"我可以告诉你们,怎样才能获得诺贝尔奖,诀窍之一就是要有名师指点。"

当我们翻开诺贝尔奖获得者的名单时,就会惊奇地发现有师徒关系的比例高达 40% 以上。根据美国获奖者的统计,有师生关系的达 60% 以上,其中物理和化学两门学科的比例还要更高。从获奖者数量上统计,从诺贝尔奖颁奖开始到今天,美国获奖人数最多,并且遥遥领先于其他各国。也还有许多诺贝尔奖获得者的指导老师,是没有获得诺贝尔奖的著名科学家,这些人也是出自名师的指点的。

英国剑桥大学著名的卡文迪什实验室可以说是诺贝尔奖获得者的摇篮,从这里先后培养出了近 30 位诺贝尔奖获得者。丹麦哥本哈根有一个玻尔组织和领导的理论物理研究所,而这里至少也培养出了 8 位诺贝尔奖获得者,玻尔本人过去也曾在卡文迪什实验室的汤姆逊和卢瑟福手下工作过。德国的哥廷根城也是著名科学家和诺贝尔奖获得者云集的地方;这里学术空气异常活跃,欧洲、美国的许多获奖者都有一段在哥廷根城学习和研究的愉快往事。美国的贝尔电话实验室也是一个培养出较多获奖者的地方,至少也有 7 人在这里获得诺贝尔奖。在上文所说的这些地方,名师云集,选题准确,设备优良,学术空气活跃,许多青年人在这里都能够及时得到富有经验的名师指教,因此这些青年人很快地就成长起来。

在获奖者当中,有父子关系和亲缘关系的也屡见不鲜,他们由于得到了长辈和亲戚的及时指导和教育而获得巨大成就。1975 年获得物理学奖的艾吉·玻尔是 1922 年物理奖获得者尼尔斯·玻尔的儿子。英国物理学家汤姆逊因研究气体放电发现电子而获得 1906 年物理学奖,他的儿子小汤姆逊由于用离子的晶体衍射效应发现了电子的波动性而获得 1937 年物理学奖。布拉格父子由于用 X 射线从事晶体结构的研究而共同获得 1915 年物理学奖。1903 年物理学奖获得者是一对夫妇,他们是波兰出生的玛丽·居里夫人和法国的皮埃尔·居里。可是 8 年后,居里夫人再次获得化学奖。1935 年他们的女儿艾琳娜·约里奥·居里(小居里夫人)和女婿约里奥·居里又分享了化学奖。1970年生理学、医学奖的获奖者中有一位瑞典人冯·欧勒,他是1929年化学奖获得者之一冯·欧勒·歇尔平的儿子。

现在,师徒关系出现了更为普遍的多代延续现象。在诺贝尔奖获得者中可以追溯出五代相传的情况:1909年化学奖获得者奥斯特瓦尔德培养了能斯特,他于1920年获得化学奖;接着能斯特的学生、美国的密立根又获得了1923年的物理学奖;1936年物理学奖获得者之一安德逊是密立根的学生,安德逊的学生格拉塞尔又获得了1960年物理学奖。再如,获1953年生理学、医学奖的克雷布斯是瓦博格(1931年获奖)的学生,瓦博格又曾跟随1902年获化学奖的费希尔学习,费希尔的老师是3年后才获化学奖的冯·拜耶尔。如果再向前追溯,还可以找到在诺贝尔奖设置以前的几代先驱者。在科学发展的国际性、综合性越来越强的现代情况下,社会上的师徒关系就更显示了巨大的生命力。

知识的传授是人类社会的一种必然现象,在人类知识的积累还不多的时代,这种知识传授过程简单而易行,也不需要通过特殊的形式。只有在某些单项技艺需要达到高超的程度时,才需要名师在某些方面给予指点,而这种传授过程在一家一户或者在偏僻的环境下都能够进行,在中国科学史上类似的家传技艺,拜师学艺的情况较为普遍。近代科学发展起来以后,学校教育也得到了相应的发展,中学、大学和各种学术团体也纷纷出现了，许多有才华的青年在学生时代就开始了研究工作，如伽利略、牛顿、高斯、麦克斯韦等人都是在接受了一般教育后马上有所发现而做出重大贡献的。科学技术发展到了 20 世纪，简单的传授形式已经显得很不够了。因此，大学后的学习就显得特别重要。实践说明，不是所有的人都能登上科学的高峰，因此需要对少数有前途有才干的人，进行特殊的培养教育。这就是研究生制度得以产生的时代背景。1895 年，在剑桥大学卡文迪什实验室，由汤姆逊教授主持开创了研究生制度。第一批国外的研究生中就有法国的郎之万和新西兰的卢瑟福。

名师手下为什么能出高徒呢？这首先是因为，这种结合不是一般的结合，在名师和高徒的结合中，导师对有前途的青年人经过了严格的考察和慎重的挑选后才加以培养的；另一方面，学生也在对导师进行选择，物色自己准备献身的科学领域内能为自己信赖的著名科学家作为自己的导师。只有在双方的选择达到一致时，这种结合才得以进行。但是，这种双方的巨大努力往往由于种种条件的限制而不能取得成功，所以名师和高徒得到结合并取得成功的机会并不是很多的。

在名师指导下能减少摸索道路的过程，也是名师手下出高徒的原因之一。在现代科学研究的前沿阵地上，新的问题层出不穷，信息情报交流非常迅速。站在科学技术前沿的著名科学家，他们随时都能了解迅速变化着的科学研究形势，并且能够把握研究的新动向,在他们手下工作和学习的人们,也就有了随时了解最新信息情报的有利条件,这就能够使他们的思想跟着时代的脉搏及时地思考新问题。

名师对学生的指导不仅准确而且有效,是名师手下出高徒的一个重要原因。名师掌握着自己研究领域里的最新信息和情报,有预见,有眼光,对相邻近的学科的关系也看得很清楚,学生们各自研究课题的目标又被确定得很明确。培养出12位诺贝尔奖获得者的著名科学家卢瑟福有两句指导学生的名言:"我永不给一个人一个以上的题目""永不放一个人于无用的研究项目上"。卢瑟福总是让他的学生集中精力考虑一个有用的具体问题而从来都不分散其注意力。他定期召集所有人员进行自由讨论,发表想法,并以他丰富的经验和洞察力,及时地指导和解决实验上出现的疑难问题。这样准确而有效的指点,能使学生们很快地获得成功。

名师是知识渊博的人,他们能谦虚待人,又是极为严格的长者。要知道,在知识这位巨人面前,来不得半点虚假和侥幸,迟钝和懒惰与名师是无缘的。这就要求,来到名师手下的学生们一定要非常勤奋和努力。在核物理研究中经常有几天几夜的连续实验,要从成千上万甚至几十万张照片上才能分析出某个发现的迹象。居里夫人就是在处理了几吨矿渣以后才得到了0.1毫克氯化镭的。这样的例子非常多,充分说明了科学研究工作的艰难性。科学研究不仅仅是需要大量的繁复计算,更重要的是要从纷繁复杂的现象中去发现事物的本质,要去发现前人尚不知道的规律性的东西。这就要求研究者要具备敏锐的头脑和深刻细致的分析能力,而这些优秀思想品质的训练,往往要在名师直接的影响下才能形成。

名师和高徒之间的关系,还不仅仅是教与学的关系,还是互相学习和共同提高的关系;他们既是师与徒,也是良好的合作者,这就意味着他们的合作是科学上优秀分子的组合体。在这样的组合体里,师徒共同讨论,互相质疑,互相启发;他们在征服自然界揭示其奥秘的过程中,又是志同道合的战斗者,这种组合体的联合作用,能使他们更快更多地取得成绩。

李政道和杨振宁则是在名师费米的指导培育下成才的。历史的事实确实显示出名师出高徒的规律性。面对 21 世纪知识经济时代,中国的现代化建设需要成千上万的优秀人才,需要大量的名师带出大量的高徒。

在名师手下确实有许多有利条件,然而学生本身的素质也是极其重要的,没有本人的刻苦努力,要取得成绩同样是不可能的。名师出高徒,虽然反映了某种客观规律,但并不是唯一的规律,并不是说在名师指导之下一定能出高徒,也不是说没有名师的指点就做不出成绩来。在获得诺贝尔奖的人中,还有相当一部分人是自学成功的,许多著名科学家也是通过自己的勤奋努力做出成就的。如 20 世纪最有影响的科学家爱因斯坦就是依靠自学成长起来的,他在瑞士专利局工作的 7 年,只能在业余时间从事研究。而这 7 年正是他一生中最快乐的年头,这 7 年他为 20 世纪的物理学奠定了基础。化学家戴维,白天当医生的学徒,晚上自学,他发现了钾、钠、钡、硼、锶等元素,后来还成为英国皇家学会会长。

八

科学研究永无止境,李政道在获得诺贝尔奖之后仍在不懈地努力,并且硕果累累。

美国著名科学撰述家吴贝尔赞誉说:"李政道教授具有已故天才科学家爱因斯坦所特有的那种能作'超时代大胆想象'的特殊能力。"

1. 载誉归来:得奖后的李政道

李政道和杨振宁二人共同获得了诺贝尔物理学奖,他们还于1957年4月共同获得了爱因斯坦物理学奖,1958年,李政道、杨振宁和吴健雄三人又共同获得了普林斯顿大学物理学奖,并被授予普林斯顿大学物理荣誉博士学位。

李政道获得了很高的荣誉,他本人是如何看待这些的呢?

李政道认为,荣誉只是对从前工作的一种肯定,只能把荣誉看成对自己工作的一种鼓励,而绝对不能躺在荣誉的温床上止步不前。努力工作是为了寻找自然世界的规律,为人类改造自然、丰富人类生活服务,而不是为了获得荣誉。获得殊荣后,李政道更加努力地学习和工作。李政道很看重友谊与合作,自1946年秋天到1962年,这期间,李政道和杨振宁建立了深厚的友情和密切、愉快的合作关系。16年来,他们二人亲密无间,共同切磋学业。杨振宁回忆这段历史时说:

对于外界来说,我们的合作是异常地密切,也是异常地成功。同行们对我们的合作又羡慕又妒忌。

李政道对与杨振宁的合作也有令人非常愉快的回忆:

在理论物理方面,我从事过以下课题的研究:基本粒子的特性、统计力学、场论、天体物理和扰动。我对基本粒子和统计力学的研究,多数是与杨振宁教授密切合作进行的,其中包括对宇称不守恒效应的研究。

1957年,李政道与杨振宁共同获得也希瓦大学颁发的爱因斯坦科学奖。

非常可惜的是,1962年春天,他们的关系开始产生裂痕,更为令人痛心的是,这个裂痕日趋扩大而且公开化,终于1962年夏导致二人的决裂。

不管二人关系破裂的原因是什么,几乎所有的人,都为他们友谊的破裂感到惋惜和遗憾。

2. 永不停步:科学研究硕果累累

1956 年,29 岁的李政道成为哥伦比亚大学两百多年历史上最年轻的正教授。

1960 年,李政道被委任为普林斯顿高级研究所的教授。3 年后,他又回到哥伦比亚大学,担任第一位"费米讲座"的物理学教授。

在近半个世纪以来,李政道始终处于物理学研究的中心地位。他在基本粒子研究的前沿阵地辛勤地耕耘,硕果累累,在国际高能物理学界被视为最具有潜力的人物。美国著名科学撰述家吴贝尔赞誉说:

李政道教授具有已故天才科学家爱因斯坦所特有的那种能作"超时代大胆想象"的特殊能力。

1984 年 5 月,美国总统里根访问中国时,曾对李政道先生的研究工作给予高度评价:它"丰富了我们对宇宙、对物质的基本特点的认识"。

1984 年,李政道获得全校级教授这一最高职称,李政道至今仍是哥伦比亚大学在科学研究上最活跃的教授之一。

荣誉和地位接连到来。李政道深知,科学研究是永无止境的,在美国这样一个竞争激烈的社会里,荣誉并不意味着永远处在尽领风骚的地位。自从发现宇称守恒以后,弱相互作用就成为物理学中最令人兴奋的部门之一,实验一个接着一个,理论方面有了突飞猛进的发展,处于热点的李政道当然不会就此停顿下来。

李政道的研究领域非常广泛。

1949 年与 M.罗森布拉斯和杨振宁合作提出了普适费密弱作用和中间玻色子的存在。1951 年他提出水力学中二维空间没有湍流。1952 年与 D.派尼斯合作研究固体物理中极化子的构造。同年与杨振宁合作,提出统计物理中关于相变的杨振宁 – 李政道定理(包括两个定理)和李政道 – 杨振宁单圆定理。1954 年发表了量子场论中著名的"李政道模型"理论。1957 年与 R.奥赫梅和杨振宁合作提出了 CP 不守恒和时间不反演的可能性。

宇称不守恒的发现引起了人们对一些老问题及新问题更深入的讨论和研究,特别是关于中微子性质的研究。

李政道和杨振宁在完成了关于宇称不守恒的研究后,立即注意到了中微子二分量理论及 CP 对称性问题,二人合作提出了二分量中微子理论。

中微子是基本粒子中的一种,通常用符号 V 表示。中微子的发现是与最初发现 β 衰变现象相关的。开始的时候,人们并不知道有中微子,只注意到 β 衰变以前原子核有确定的能量,但衰变后的原子核能量加上电子能量却是非常不固定的,也就是说,一部分能量不知道哪里去了。这个事实使人们感到很惊奇。经过研究,人们认为 β 衰变可能不是能量不守恒,而是在衰变中除了放出了电子外,还放出了一个未知的粒子,是这个未知的粒子把能量带走了。从中微子设想的提出到实验中的证实,中间大约经历了 20 年。这是因为,中微子只参加弱相互作用,不参与电磁相互作用,也不参与强相互作用。中微子穿透物质的能力极强,要探测到它是非常困难的。在研究中,人们还发现中微子的性质是相当古怪的,它的有些方面像光子,有些方面又像电子。作为唯一的一种仅仅参与弱相互作用的粒子,它的性质必定反映弱相互作用的规律。实际上,早在 1929 年,韦尔博士就提出中微子永远左旋,永远找不到右旋的镜像,但 30 年内人们始终不相信这个理论。现在,宇称在弱相互作用中不守恒被证实,李政道和杨振宁立刻想到了韦尔博士的理论,并在此基础上提出二分量中微子理论。

1959 年,李政道与杨振宁合作,研究了硬球玻色气体的分子运动,并提出其运动理论,从而为研究氦Ⅱ的超流动性做出了突出贡献。同年二人又合作分析了高能中微子的作用,基本确定出此后20多年这方面大量的实验和理论工作的方向。可以毫不夸张地说,由于李政道和杨振宁完成了关于宇称不守恒的研究,给有关微观研究开创了一个新的时期。

60年代,李政道教授的研究更加深入。1962年李政道与杨振宁合作,研究了带电矢量介子电磁相互作用的不可重正化性。1964年李政道又与M.瑙恩伯合作,研究了无(静止)质量的粒子所参与的过程中,红外发散可以全部抵消问题。这项工作又称李政道–M.瑙恩伯定理,或与木下的工作合在一起,称KLN定理。60年代后期,李政道还提出了场代数理论。

到了70年代,李政道教授的科学研究在风格上更显出独特性,更加敏捷和大胆了。李政道提出了一项新理论,认为制造一种新"核物质"的可能性。认为在未来几年内,可能会产生比铅重50倍的"超密核子",同时在理论上推测可能会产生由700至1万个稳定的质子数的新元素。他计划用一种新加速器,以重核子来撞击,设法产生像"晶体"般大的"超密核子",所产生的原子核将会比原来的大得多。这就是所谓的反常核态理论。他猜想,当两个铀的原子核发生碰撞时,核的密度超过正常状态,也许可能发生反常核现象。他还研究了CP自发破缺的问题。从1975年起,在基本物理的研究中,又发现和研究了非拓扑性孤粒子,并第一次使用了这个概念,先后发表了十几篇论文,进行了理论上的探讨,为这个领域的研究开拓了新的途径,并建立了强子结构的孤粒子袋模型理论。在随后几年里,李政道教授又提出了"非连续性力学"的新理论。以往的经典力学、量子力学、量子场论,都把时间当作连续性的参数,而李政道的新理论则把时间看成不是连续的参数。他还指出:真空并不是什么都没有,真空是一种实实在在的东西,是具有洛伦兹不变性的一种介质,它的物理性质是可以通过基本粒子的相互作用表现出来的,从而就色禁闭现象提出了真空的"色介常数"的概念。

在李政道的研究领域里还有一个重要的研究内容,这就是为什么实验中还没有发现自由态的夸克。随着科学技术的进步、设备的现代化,粒子物理学有了很大的发展。其中有一个重要的新观点。这个新观点认为一切参与强相互作用的粒子(简称强子,它包括介子和重子两大类)都可以被看作由更为基本的夸克所组成。这样一来,光子、万有引力子、轻子和夸克便成为组成物质的基本单元,采用这一理论模型,使粒子的研究取得了很大的成功。但是,夸克时至今日仍未被单独测量到。科学家们称这种现象为"夸克禁闭"。面对"夸克禁闭",李政道大胆假设,深入研究,走在这一领域研究的前列。他提出一种新的方案,把真空看作一种完全的抗色电介质,从而解决了夸克的禁闭问题,并且避开了量子色动力学在处理这类问题上遇到的红外

发散困难。当然,夸克的研究还处在起步的阶段,有许多基本性的问题还没有搞清楚。如:

究竟有多少种夸克?

夸克本身有内部结构吗?

是什么样的力使它们结合成质子?

这种质子的结合能被破坏吗?

70年代后期到80年代初,李政道继续在路径积分问题、格点规范问题和时间为动力学变量等方面开展深入的研究。后来他还通过自己的聪明才智和不懈努力建立了离散力学的基础。李政道教授是一位潜心研究、不断耕耘的人,他在基本粒子的研究方面始终处于前沿阵地,被国际高能物理学界视为最有潜力的人物。现在,他的兴趣转向高温超导波色子特性、中微子映射矩阵,以及解薛定谔方程的新途径的研究。

九

身在异国他乡,却心系祖国。1972 年之后,李政道多次回国,为祖国的繁荣富强出谋划策,尤其为祖国的物理理论科学研究和实验立下了功勋。在祖国物理人才培训方面,李政道的言行更使人们交口称赞。

1. 魂牵梦萦：1972 年第一次回国

故乡,这是一个令人魂牵梦萦的字眼。对海外游子来说,更有一种巨大的吸引力。

李政道 1946 年离开祖国,一去就是几十年,他一时一刻也没有忘记祖国。他多少次梦回祖国,登上举世闻名的万里长城,领略灿烂辉煌的中华文化;他多少次梦回上海,站在黄浦江边,和父母、兄弟、朋友一起话说离别后的思念。

李政道到美国留学不久,在大陆的父母兄妹就迁居到台湾。他的母亲和哥哥崇道因在淡水家中留宿一位广西大学的同窗好友曾被捕入狱。后来,他的父亲又到了日本,最后病逝在日本。

1972 年 9 月 19 日,李政道教授偕夫人踏上了阔别 26 年的故土。

按照预先订的计划,李政道一行首先飞抵上海。当他走出飞机舱门时,感到一股热浪迎面扑来,他闻到了故土的气息,他又看到了黄皮肤、黑头发同胞的笑脸。李政道突然意识到,他又开始了新的人生——为祖国繁荣富强贡献力量的人生。

在上海,李政道看望了自己的亲人,会见了小学、中学和大学的同学和朋友。他对上海的一物一景、大街小巷,都感到十分亲切,难以抑制自己的兴奋。

北京,中国人民的首都,李政道非常向往。他偕夫人离开上海,第二站就到了北京。10 月 15 日,周恩来总理在北京人民大会堂接见并宴请了李政道夫妇。

会见亲切而又愉快。周恩来总理详细地询问了美国的各种社会情况。对周恩来的问题,李政道和夫人秦惠䇹都一一认真地谈了自己的看法。周恩来总理对李政道先生回到祖国给予了高度的评价,并对李政道和杨振宁成为获得诺贝尔奖的炎黄子孙表示诚挚的敬意。周总理还鼓励李政道为中美的文化、教育、科学交流和发展多做贡献。120 分钟的融洽畅谈,李政道感觉非常良好,并从内心敬佩周恩来的学识和政治家的风度及对祖国鞠躬尽瘁的伟大品格。

在北京停留期间,李政道登上了梦寐以求的万里长城,亲眼目睹了壮丽的北国风光。站在长城最高处,给他感触最深的是那一望无际、蜿蜒上下的奔腾态势,既简单而又坚强。

2. 历史一瞬:李政道与毛泽东的会晤

1974 年 5 月,李政道教授又和夫人秦惠䇹、妹妹李雅芸、儿子李中汉一起再次回国访问和讲学。在第一次回国浏览时,他感到祖国的教育还比较落后,他认为帮助祖国振兴是他义不容辞的责任,他也希望自己能在教育、科学等方面对祖国有所贡献。

身患重病、体质极差的周恩来总理抱病再次会见了李政道一行。这次会见,参加的人更多了,有邓小平、郭沫若、周荣鑫、吴有训、周培源、钱学森、朱光亚、王淦昌、周光召、何祚庥等。

在亲切的交谈中,李政道向周恩来提出建议说,培养人才、发展科学和教育是非常重要的,理工大学要重视基础教育和理论研究,把大批知识分子下放到农村、工厂从事体力劳动,并作为改造对象不利于中国科学教育事业的发展和繁荣。他还诚恳地建议知识分子政策一定要落到实处,决不能教条主义和搞形式。

李政道和周恩来的会谈非常投机和融洽。周恩来的热情、诚恳、谦虚、坚毅给李政道留下了非常深刻而美好的印象。

5月30日清晨6点钟,同平常一样,具有早起习惯的李政道正在刷牙洗脸。突然,电话铃声响了。

李政道拿起了电话,只听电话里传出标准的北京口音:

"您是李政道教授吗?"

"是,我是李政道。"

"李教授,您好!一个小时之后,毛泽东主席要在中南海他的寓所里接见您。请您做好准备,车子马上就到。"

对方的电话放下了,可李政道手里的电话听筒久久没有放下。他自言自语地说:

"这是真的吗?"

这个突如其来的消息使李政道感到又惊又喜:惊的是,这次回祖国访问讲学,不仅惊动了多病的周恩来总理及各位物理专家,而且连多病的毛泽东主席也要会见他;喜的则是今天终于能够见到毛泽东主席了。他早就有拜见毛泽东主席的愿望,但他知道毛泽东很忙,又听说毛泽东身体不好,所以打消了这个念头。

"咚咚咚!"传来了敲门声。

李政道迅速打开了房门。一个年轻人很有礼貌地站在门口。

"李教授,您准备好了吗?"

"准备好啦!"

李政道在这位解放军的引导下坐进了红旗轿车。红旗轿车穿过西长安街,驶进有两个解放军战士站岗的新华门,绕过红墙,再经过安静无人的甬道,驶进了丰泽园。车子停下来了,早在此等候的朱光亚等人迅速迎上来和李政道握手。朱光亚是西南联大的毕业生,也是吴大猷先生的学生,他们一起被吴先生推荐到美国留学。朱光亚在美国获得博士学位后于 1950 年冲破重重阻力回到祖国,先后在北京大学、东北大学任教,1954 年调到北京大学参加开办技术物理系,而后又担任原子能研究所应用核物理研究室的副主任,是中国核能技术的开拓者之一。在朱光亚引导下,李政道等人走进毛泽东主席的书房。

毛泽东的书房是一个比较大的房间,四周靠墙的书架上摆满了文稿,桌上、地上也都堆着书。这个房间看上去,给人的感觉更像是一位学者的住处,而不像是世界上人口最多的国家领袖的会客室。房间里一边摆放着一张简易的木床,另一边则是一排摆成半圆形的沙发,沙发上都有棕色的布套,每两张沙发之间有一张铺着白布的茶几。毛泽东主席身旁的茶几上总是放着书,只剩下一个放茉莉花茶茶杯的地方。沙发的后面有两盏落地灯,圆形的灯罩大得出奇。

李政道教授和朱光亚等人走进毛泽东的书房,毛泽东在两个护理人员的搀扶下站起来迎接客人。

毛泽东的脸上露着真挚而慈祥的微笑,紧紧地握住了李政道的手。当毛泽东和李政道握手时,记者迅速地拍下了这一珍贵的镜头。

毛泽东没有客套寒暄,开门见山地问李政道:

"什么是物理学中的对称?"

李政道回答说:

"对称就是'对比相称',它本质上是一种静态观念。"

看着年迈的毛泽东主席,李政道很惊讶。毛泽东很忙,并且年事已高,但思维却很清晰,还关心着物理学中的对称。李政道看着毛泽东,感到眼前这位老人一点也不像一个大国的领袖,倒非常像学校里的教授。他感到他们之间的交谈,像在进行某一学术问题的沟通磋商,而根本不是一次高级会晤。

为了证明物理学中的对称,李政道在毛泽东的面前做了一个实验。李政道看到茶几上放着一些纸张、铅笔,他拿起一张纸和铅笔,把铅笔放在纸张上,然后把纸宽松地折叠起来,先把这纸向毛泽东一边倾斜,然后再向自己这边倾斜。这样,铅笔就在较宽的纸槽里先流动到毛泽东那边,然后又流动到自己这边。同时李政道向毛泽东解释说:

"这个实验是在不断运动中的,一刻也没有静止,但从整个运动过程来看则是对称的。"

毛泽东理解后又问李政道:

"物理学家能不能根据'对称'有系统地制订宇宙性的法则?"

李政道很感动。他认识到,毛泽东所关心和思考的不仅仅是中国的问题、身边的问题,而是无边无际的宇宙问题。李政道用爱因斯坦的相对论解释了毛泽东提出的问题。

在毛泽东和李政道的整个交谈中,他们还谈到了粒子与反粒子的对称关系和这些粒子的创生与湮灭的动力过程。毛泽东很认真地对李政道说,他对物理学很感兴趣,但后悔自己没有时间多研究这方面的问题,但他还清楚地记得他年轻时读过生物学家汤姆逊所著的那一套《科学大纲》书籍。毛泽东说那套书言简意赅的科学知识至今仍给他留下了极为深刻的印象。

一个小时过去了,谈话还没有结束的迹象。他们还把话题从自然科学转到社会科学,即人类活动问题上来。李政道根据自己的所见所闻,谈了自己的看法,提出要学习和总结发达国家的经验教训,他还特别提到培养人才的重要性。毛泽东坦诚地接受了李政道的建议,认为中国的教育必须加强和提高。他高兴地说:

"你的建议很好,很值得考虑。"

毛泽东后来采纳了李政道的建议,在科技大学创办了中国少年班,专收十几岁有天赋的学生进行特殊培养。

整个谈话进行了两个多小时。最后毛泽东还是坚持把李政道送到了门口。这是李政道第一次也是最后一次见到毛泽东主席。

第二天,李政道一行就要离开北京。在首都机场,李政道意外地发现了毛泽东主席办公厅的同志。这位同志双手送上毛泽东主席赠送给李政道的临别礼物。李政道打开一看,这正是1923年原版的毛泽东所说的汤姆逊所著的那套《科学大纲》。

3. 一片赤诚:各地讲学和高能物理建设

1980年1月5日,在山清水秀、莺啼燕啭的广东从化温泉这个美丽的地方,召开了广州粒子物理理论研讨会。来自美国、英国、西德、澳大利亚、马来西亚、新加坡的近50位华侨、华裔学者,还有来自香港的学者,以及国内各科研单位、高等院校的100多位科学家和研究工作者,参加了会议。

李政道和杨振宁都被邀请参加了这次会议,他们还被推选为本次会议的顾问委员会成员,参与研究讨论中国粒子物理发展的计划。李政道在会前还拜见了周培源先生,高兴地说,这次会议是"五代同堂"。继70年代初次回国后,他已是第5次回到祖国。在这次会议上,李政道宣读了他的最新研究成果,作了关于量子色动力学与强子的口袋模型的学术报告。他以自己独特的演讲方式,简明扼要地把听众带到了当今世界物理研究的最前沿,从而使参加会议的人大开眼界。他认为,1978 年以来,中国发生了巨大的变化,尤其是科研方面进步非常快。他对中国的科技发展感到高兴和骄傲。会议结束后,李政道在大陆继续讲学访问。

李政道工作作风十分严谨,一丝不苟。他每天至少要工作 5 到 6 个小时,多少年如一日从不间断。他曾说过一句:

"研究工作是一种连续不断的事情,你不能计算早晨和黄昏,一天 24 小时都是你的工作时间。"

李政道应中国科学院的邀请,为北京科技大学研究生院讲学。为了在最短时间内多讲授课程,他坚持每天讲课 3 小时,连续 7 周讲授 110 个小时。在美国,李政道通常一年中只需要讲授 28 至 30 个学时。按此计算,他要用 7 周时间授完在美国 3 年内的课程量。

每天早晨三四点钟,李政道房间的灯光就亮了。上午 11 点前的时间,他总是在搞研究和备课。讲课一般从下午 2 点钟到 5 点钟,中间的课间休息找研究生谈话。中午吃饭他总是和学生在一起,利用午餐时间听取意见。在这次讲学期间,除了利用周末到外地去过一次和看过一次电影外,天天处于高度紧张状态中,就连五一劳动节也照常上课。不管头一天晚上休息多么晚,第二天早晨他总是准时起床。

李政道说:

"每天三四点钟起床工作,这对我来说,已经变成一种生活方式,已经变成下意识的事情,所以我觉得没有什么,不以为奇,更不以为苦。"

从第一次回国以来,李政道先后访问了 20 多所大学。他被暨南、复旦、清华和北京、南京等地多所大学聘请为名誉教授。上海复旦大学还以他的名义设立了"李政道奖学金",以奖励学习优秀的学生。

在讲学时,李政道对中国的教育提出了自己的看法。他反对读死书,指出读书是手段,决不能把学生变成读死书的人,不能压抑学生的天资。学生不能搞自我封闭,要转变观念,要走出去,要广泛地吸取专业以外的其他学科知识。他要求学生要在辩论中求真知,求得问题的解决,不要怕出差错而因噎废食,对学生要因势利导。李政道明确指出,中国的科技进步,关键在于网罗人才;中国的繁荣昌盛关键在于科学技术的现代化。李政道主张设立国家自然科学基金,建议建立博士后制度和建造北京正负电子对撞机,并建议成立中国高等科学技术中心和北京现代物理中心,等等。1985 年 7 月 16 日,邓小平在会见李政道时说:谢谢你,考虑了这么多重要的问题,提了这么多好的意见。

1986 年 10 月,李政道出任新成立的中国高等科学技术中心终身主任。

中国高等科学技术中心是世界实验室的组成部分。世界实验室,就是国际科学文化中心,于1986年7月12日在日内瓦成立,中国科学院是创始国之一,李政道和当时中国科学院副院长周光召都是该组织科学委员会的委员。世界实验室是个民间组织,开办的经费是由意大利政府捐助的。中国高等科学技术中心是由四个分中心组成的,其中包括理论物理分中心、凝聚态及辐射物理分中心、高能及同步辐射分中心、天文和天体物理分中心。这四个分中心分别与中国科学院理论物理研究所、北京大学、中国科学院高能物理研究所和南京大学密切合作。在李政道的倡导下,还与国内更多的同行、科学研究机构和大专院校建立了密切的联系。

1986年10月,李政道还担任了北京现代物理研究中心主任的职务。在中心的成立大会上,李政道高兴地说:

"鲁迅先生有两本小说,一本是《呐喊》,另一本是《彷徨》,虽然我这个主任,仅仅是帮助'摇旗呐喊'的,可是这个中心是一点也不彷徨的。这个中心的目的是要在10年之内创造物理学上的一些突破,能确确实实地做出一番事业来。"

他还幽默地说:

我们预备以"北京现代物理研究中心"和"中国高等科学技术中心"为基地,结合全中国在这些领域的工作人员,在10年内造成好几个"点"的突破,然后将这些点造成线网,在20年内推广成面,那中国在国际科技上可以取得与人口成正比的成就,对世界文化和交流亦有一定的贡献。

李政道每年都选择几个世界科学最前沿的课题，利用他在国际物理学界的影响，分别邀请约10位第一流的专家学者来华举行国际学术工作会议，介绍各自领域取得的进展、存在的困难和发展前景。李政道还要求这些外国专家学者同中国同行在一起工作生活一段时间，从而使中国专家、学者能够迅速跟上时代步伐、站到研究领域的前沿阵地。

1988年10月16日凌晨5时56分，位于北京西郊的中国科学院高能物理研究所传来喜讯，中国第一座高能加速器，北京正负电子对撞机首次对撞成功，这是一项中国科学技术史上除了原子弹以外最庞大、最复杂的科研工程。高能加速器的建成，标志着中国高科技的研究能力已经达到国际先进水平。

中国人口多，底子薄，经济落后，科学技术水平也不高。到了80年代，中国政府经过认真细致的研究，审时度势，从中国实际出发，瞄准国际物理研究前沿，决定在北京建造正负电子对撞机。1984年10月4日，邓小平同志亲自参加了奠基仪式，并希望全国各个有关部门要通力合作，保证工程如期完成。

当北京正负电子对撞机即将建成之际，《瞭望》杂志记者采访了李政道。此时，李政道正在实验大厅，他手拿一幅画，高兴地接待了记者。这幅画是著名国画大师李可染先生应李政道的邀请，专门为同步辐射应用国际讨论会创作的。画面上一个牧童正席地而坐，聚精会神地凝望着远方天空光芒四射的星云。李政道对记者说：

"中国自古以农立国，牧童就代表了现代年轻的科学家。"

李政道还笑着指着画上的两行字对记者说，你念念这两行字，它是我题写的。记者顺口念出了这两句话：

"牧童遥望求知切，晓阳辐射科学光。"

1988 年 10 月，北京正负电子对撞机进入最后调试阶段，李政道又赶来北京。10 月 16 日，这台加速器一次对撞成功，李政道非常激动。他神采飞扬地说：

北京正负电子对撞机对撞成功，是国际高能物理界的一件大事。仅用 4 年时间就完成了如此复杂的高技术工程，这样快的速度，在国际上也是不多见的。它能一次对撞成功，这表明对撞机的各种设备、部件的质量、安装调试的水平在世界上也属一流。中国这一步跨得很大，从无到有，从而把中国与世界先进国家在高能物理研究方面的距离一下子缩短了许多。这次成功，大大增强了中国人的自信和自尊心。

10 月 24 日，邓小平等中国政府的领导人来到北京西郊的北京正负电子对撞机国家实验室召开庆功大会。邓小平一下车，走进休息厅，第一个就与李政道握手。这位 80 多岁的中国领导人对李政道说：

"感谢你为这个工程做了很多工作！"

4. CUSPEA：中国的留学生计划

李政道教授每年把三分之一的工作时间用来帮助中国发展教育和培养人才。他倡导的 CUSPEA，为中国培养了不少高水平的物理人才。

CUSPEA 是中国－美国联合招考物理研究生项目（China - United States Physics Examination and Applicati on Program）的简称。它是中美多年来的一项非常重要的教育交流项目。

事情由来是这样的。1979 年春天，李政道在中国科学院研究生院作了两个系列的近代物理讲座。他发现有不少研究生素质非常好，但中国的物理实验条件比较差，不少优秀人才难以脱颖而出，而当时中国国内人才又严重缺乏。李政道把美国哥伦比亚大学物理系博士生资格考试的题目对一些研究生进行了笔试和面试，他发现不少青年人不仅有很扎实的基础知识，而且很渴求学习。经过思考，李政道产生了一个大胆而可行的决定。他当即向中国科学院副院长严济慈提出要为哥伦比亚大学招收 5 名中国博士研究生。这 5 位学生学习期间，由哥伦比亚大学每年提供 2 万美元作为资助，直到取得博士学位为止。李政道的想法立刻得到了中国科学院的大力支持。不久 5 位中国留学生便到了美国纽约的哥伦比亚大学。

5 位中国留学生勤奋好学,哥伦比亚大学反映很好。第一学期各科考试中,第一、第二名的学生都出自这 5 位同学,哥伦比亚大学表示愿意继续接收中国的留学生。李政道又给严济慈副院长写信,提出继续接收一批中国留学生到哥伦比亚大学物理系攻读研究生。这样,又一批中国留学生到了哥伦比亚大学。李政道还向纽约市立大学和弗吉尼亚大学等学校作了推荐,这两所学校也接收了 10 名中国留学生,并同样负责提供资助。这两批学生实际上就是 CUSPEA 项目的雏形。

　　在中国改革开放之初,中国与美国的大学缺乏了解和沟通。一般美国招收研究生都需要经过 GRE 考试,GRE 的成绩加上学生在大学的课程成绩及有关教授的介绍信才能决定招收与否。当时中国还没有设置 GRE 和 TOFEL 考试的考试中心,因而派遣中国留学生工作可谓无从下手。由于李政道的努力和中国留学生在哥伦比亚大学的学习表现,使得原来不太了解中国人的许多美国大学,对哥伦比亚大学的做法表示赞赏,并对中国留学生开始感兴趣。鉴于这种情况,CUSPEA 这个词在李政道的脑海中开始形成。于是他提笔给当时主管科技、教育的方毅副总理写信:

　　　　由于哥伦比亚大学的成功,有些美国的其他大学也想效法。我现在有一个推广哥校的想法,即在今春(1980 年)

将美国一些好的物理系研究院的大学（估计约 30 个左右）联合起来，每年共同出一组考试题目，请中国科学院主办，每年年底前在国内举行统一考试。这统一考试的目的，是想建立一个客观的标准，然后各学生可以用这个考试的分数及大学的成绩和教授的评价，向美国各大学请求入研究院学习，并可以不只向一个学校请求入学。

方毅副总理接到李政道的建议信非常高兴，马上写了回信，表示很赞成，并责成教育部长蒋南翔和中国科学院副院长严济慈着手研究实施这一计划。很快，中国科学院成立了 CUSPEA 办公室，并在北京大学、复旦大学、南京大学、南开大学、中山大学等地设立了考场，举行了考试。从而使 CUSPEA 这一计划开始在全中国实施，为中国派遣留美研究生开辟了一条新的途径。这一计划的实施要点，全部由李政道亲自设计、主持和联系。在李政道的努力下，不仅省略了中国留学生入学的繁琐手续，而且能与中国学生毕业同步，各大学对录取的这一项目的学生一律提供资助。

CUSPEA 项目的实行，是中美两国科学、教育界共同努力的结晶，是李政道为发展祖国科学教育事业所耗费心血的结果。

美国招收 CUSPEA 学生的学校共有 70 多所，几乎遍及了全美国。为使中国留学生都能一帆风顺地进入美国学校，李政道发出有关 CUSPEA 的信件就有好几吨重,打电话上万次。处理这些事情用去了他大量的时间,而且费用全都自付。按李政道的话说:"国内送来的孩子,我有责任负责到底,这只是我的一点心意。"

李政道还向严济慈副院长及国家领导人建议,将这一做法推广到其他学科。

为了勉励中国留学生,他题写了八个大字:

"自尊向上,不进则退。"

李政道给中国留学生所题的留言,被学生复印后人手一份,作为座右铭。

1984 年,李政道回国访问,受到邓小平的亲切会见。李政道就中国留学生继续提高水平问题,向邓小平提议在中国应设立博士后科技流动站。邓小平笑着问李政道:"博士这个名称恐怕在汉朝就有了,博士的知识显然已经很博了,为什么还要设博士后呢?"李政道回答说:在大学学习的时候,大学生是老师给他出已经有解的题目,然后在老师的指导下解题,如果这个题解是和老师已知的正确的题解相吻合,这个学生就算大学毕业,可以得到学士学位。在读研究生时,老师交给的题目是老师也不知解的题目,这就要求研究生要按照自己所学的知识来解析老师交给的题目,而学生的解析是否正确要由老师及同行来共同讨论分析,如果老师及同行认为这个解析是合理的,这个学生就算毕业，可以获得硕士或博士学位。可是真正做学问和研究、真正要发挥自己的聪明才智，是要自己给自己出题目，并进行独立研究；而这个培养独立工作的阶段，就是博士后的过程。因此博士后的设置是非常必要的。李政道还进一步向邓小平解释道：从研究院学成后的博士后，已经成为独立的研究人员，这样就可以使优秀的博士生成为杰出的年轻学者；中国要建设现代化，必须要有一支能独立研究的精锐队伍，人数不一定要多，但必须要精；只有这样，才能适应世界的科技竞争，也只有这样，中国才有希望。

邓小平听了李政道的解释，大为赞赏，并指示有关部门着手这项工作。

为了表示对祖国建设的巨大责任，1998 年 1 月 23 日李政道拿出毕生积蓄的 30 万美元在北京大学设立了"李政道、秦惠䇹奖学金"，以奖励那些品学兼优的学生。北京大学百年校庆，李政道是特邀人员之一。

李政道是优秀的炎黄子孙，他为祖国的建设和繁荣昌盛贡献了巨大力量。